Nieuw Nieuw-West

Stedelijke vernieuwing in de Amsterdamse tuinsteden 2000-2010

Theo van Oeffelt • Bernard Hulsman • Kees de Graaf

Nieuw Nieuw-West

Stedelijke vernieuwing in de Amsterdamse tuinsteden 2000-2010

FOTOGRAFIE Luuk Kramer

Uitgeverij THOTH Bussum

© 2010 De betreffende auteurs en Uitgeverij THOTH, Nieuwe 's-Gravelandseweg 3, 1405 HH Bussum.
WWW.THOTH.NL

Fotografie Luuk Kramer, Amsterdam
Grafische vormgeving 8-13 Ontwerpers [Hans van der Kooi], Amsterdam
Druk drukkerij Mart.Spruijt bv, Amsterdam
Bindwerk Boekbinderij Patist, Den Dolder

ISBN 978 90 6868 531 2

Voorwoord

Nieuw Nieuw-West brengt de ongekend grote veranderingen in een Amsterdams stadsdeel in beeld.
In relatief korte tijd gaat een gebied, met de omvang van een middelgrote stad, vrijwel volledig op de schop.
De voormalige Westelijke Tuinsteden, ontworpen in de eerste helft van de vorige eeuw en gebouwd in de jaren
na de Tweede Wereldoorlog, maken in het eerste decennium van de 21ste eeuw een complete kwaliteitssprong.
De woningbouw, de maatschappelijke voorzieningen, de winkels, het onderwijs en het uitgaansleven — alles
wordt als onlosmakelijk met elkaar verbonden. De vernieuwing van de architectuur en stedenbouw gaat hand
in hand met het streven naar betere sociale, economische en culturele omstandigheden voor de huidige en
toekomstige bewoners.

Nieuw-West, zoals het stadsdeel inmiddels heet, wil niet alleen aantrekkelijke en gevarieerde woonmilieus
bieden, maar ook de mogelijkheid creëren voor de ontwikkeling van nieuwe werkgebieden en kleinschalige
bedrijvigheid. De gebundelde inzet van woningcorporaties en overheden en de interesse bij het bedrijfsleven
blijken daarbij onontbeerlijk te zijn.

Aan de vernieuwing gaat geen massale sloop vooraf, zoals vaak elders het geval is. Dat wat moet worden
afgebroken, wordt in tijd gefaseerd gedaan. Veel vaker nog worden met chirurgische precisie relatief kleine
ingrepen gedaan. Met als gevolg dat de nieuwbouw in Nieuw-West geen architectonische momentopname is,
niet is te herleiden tot een enkele stijlopvatting. Het vernieuwde stadsdeel krijgt organisch vorm, waarbij de
ontwikkelaars en de architecten zich de tijd geven dat wat niet goed blijkt, aan te passen.

Dat uit zich vooral in het streven naar nieuwe vormen van beslotenheid versus de openheid, naar veel
aandacht voor meer levendigheid en sociale controle op het niveau van 'de plint' en naar architectonische en
stedenbouwkundige ingrepen op maat.

Op deze aanpak richt zich de fotografie in dit boek. De serie foto's toont dat proces. De beelden vertellen
samen het verhaal, ogenschijnlijk op afstand, maar gaandeweg 'blijkt dat de oppervlakte veel rijker is dan de
diepte' in de woorden van Italo Calvino. De foto's worden omlijst door een terugblik op de afgelopen tien jaar,
een beschouwing over de nieuwe architectuur en stedenbouw en met de weergave van een gesprek tussen direct
betrokkenen.

De makers van deze uitgave willen graag hun dank uiten voor de inbreng van Esther Agricola, directeur Bureau
Monumentenzorg Amsterdam, Fer Felder, directeur De Key/Principaal, Jacques Thielen, directeur Far West,
Wouter Veldhuis, directeur/architect Must en Anna Vos, Hoofd Studio bij Bouwfonds/MAB Development.

'De bewijslast ligt op straat'

Theo van Oeffelt

Eind vorige eeuw kregen de voorheen zo aantrekkelijke Westelijke Tuinsteden last van een negatief imago. De oorzaak van de teloorgang werd gezocht in een zeer eenzijdig woningaanbod, met woningen die ook nog eens versleten waren. Een belangrijk deel van de wijk bestond uit kleine portieketagewoningen in de sociale huursector. En het vele openbare groen dat het idee van vrijheid had moeten geven, gaf de bewoners juist een onveilig gevoel.

Om hierin verandering te brengen gaan in vijftien jaar tijd meer dan 13.000 woningen tegen de vlakte, om ruimte te maken voor 24.000 nieuwe, waarvan de helft als koophuis. Voor een belangrijk deel van deze nieuwbouw is Far West verantwoordelijk, een consortium van Amsterdamse woningcorporaties. Directeur Jacques Thielen blikt terug op de eerste tien jaar van vernieuwing.

De ambities waren groot. *Parkstad*, de naam die voor het eerst in 1992 door de Stuurgroep Aanpak Westelijke Tuinsteden werd genoemd, was bedoeld als program: de vier tuinsteden, zonder duidelijke centra en zonder eigen karakter, moesten zien samen te smelten tot een eenheid. Een stad met veel groen. Later, in het in 2001 gepresenteerde *Ontwikkelingsplan Richting Parkstad 2015*, moest Parkstad 'in 2015 een nieuw centrum in de regio [...] zijn met voorzieningen en attracties die zich onderscheiden van andere centra in het netwerk van de Amsterdamse regio'. Het imago, aldus het ontwikkelingsplan, 'wordt over vijftien jaar bepaald door de grote verscheidenheid aan woon- en werkmilieus, waarbij groen en water de onmisbare elementen zijn, met als symbool daarvan de Sloterplas, waarvan de recreatieve functies verder zijn versterkt'. Die verscheidenheid 'is ook terug te vinden in de bewoners van het gebied, die qua afkomst zeer divers zijn gebleven. De bewoners van straks zijn in de eerste plaats de bewoners van nu, die positief kiezen voor wonen in Parkstad. Maar er zijn ook veel nieuwe mensen bijgekomen omdat het aantal woningen met twintig procent is toegenomen. De sociaaleconomische positie van de bewoners is behoorlijk verbeterd: de meesten beschikken over een voldoende startkwalificatie in de vorm van basisopleiding en taalbeheersing. Het merendeel heeft werk, maar voor wie dat niet meer kan zijn er genoeg mogelijkheden om sociaal actief te blijven. Ook de bedrijven vinden Parkstad een aantrekkelijk vestigingsgebied'.

Om deze doelstellingen te realiseren werden begin 2000 drie consortia van woningcorporaties (Far West, Prospect Amsterdam en Westwaarts) samengesteld, en een samenwerkingsverband van de centrale stad en de betrokken stadsdelen in de vorm van het Bureau Parkstad opgericht. Anders dan in de consortia Prospect Amsterdam en Westwaarts, waarbij in het eerste geval alleen de zeggenschap werd overgedragen en het tweede consortium enkel als gesprekspartner fungeerde, brachten voor Far West vier corporaties hun bezit in de Westelijke Tuinsteden in: De Key, Het Oosten, Patrimonium en de Woonmaatschappij (voorheen Zomers Buiten). Samen goed voor ruim 11.000 woningen en zo'n 1200 bedrijfsruimtes, 35 procent van de gebouwen in de Westelijke Tuinsteden. Far West werd bevoegd om zelfstandig de herontwikkelingsstrategieën te bepalen en te regisseren, om uiteindelijk in 2015 de nieuwe woningvoorraad weer te overhandigen aan haar achterliggende leden, inclusief een deel van de nieuw toe te voegen 11.000 woningen. Tien jaar later is, door fusies en overnames en de overdracht van het belang van de Woonmaatschappij in De Key en Het Oosten, het aantal leden van Far West tot drie teruggebracht: De Key, Stadgenoot (de fusie van de Algemene Woningbouw Vereniging en Het Oosten) en Rochdale (na de overname van Patrimonium).

Prospect Amsterdam en Westwaarts waren, om overigens verschillende redenen, geen lang leven beschoren. In 2005 werd, na een tussentijdse evaluatie, besloten tot opheffing van Bureau Parkstad. Om de vernieuwing op schema te houden kregen de corporaties meer verantwoordelijkheid en meer beleidsmatige vrijheid. In deze zogenoemde *Raamovereenkomst Integrale gebiedsontwikkeling Parkstad* werd vastgelegd dat de corporaties alle financiële risico's van de sloop- en nieuwbouwplannen op zich namen, zich verplichten tot het bouwen van maatschappelijk vastgoed (90.000 vierkante meter) en het opknappen van de openbare ruimte. De geboden extra beleidsruimte gaf de corporaties de mogelijkheid om daar waar noodzakelijk te kunnen schuiven met huur- en koopwoningen of met grotere en kleinere woningen.

De ambities zijn groot gebleven. Ook tien jaar later, als de Westelijke Tuinsteden inmiddels zijn omgedoopt tot Nieuw-West. 'We hebben al veel bereikt, en zullen en kunnen nog veel meer bereiken,' stelt Jacques Thielen, directeur Far West vanaf het eerste uur, vast. 'En ik vertrouw er op dat dat, wat we niet vóór 2015 bereiken, later alsnog zal worden gerealiseerd.'

Terugkijkend op de voorbije tien jaar constateert Thielen: 'De vernieuwingsplannen zijn vrijwel afgerond, de daarop gebaseerde uitwerkingsplannen zijn voor zo'n zeventig procent beschreven en de feitelijke realisatie daarvan, dus wat je daarvan op straat terugziet, staat op zo'n veertig procent. Het streven was om in 2015 alles gereed te hebben. De kredietcrisis heeft daar wel wat roet in gegooid. Voor Far West zal de eindfase nu rond 2017, 2018 komen.'

Eén van de meest essentiële bijdragen aan het welslagen van de herstructurering van Nieuw-West is, aldus Thielen, de beslissing van de vier 'founders' van Far West, om zowel in economische als in juridische zin hun eigendom uit handen te geven. Het bood hem de ruimte om vaart te maken, iets wat hij zeker de eerste jaren keihard nodig had. 'Op papier stond er van alles, maar de bewijslast moest op straat te vinden zijn.' Daarvoor was onder meer aandacht nodig voor een interne cultuurverandering binnen de vier partners van Far West. Keuzes welk complex woningen wel of niet zou worden opgeknapt, werden niet meer door de afzonderlijke leden gemaakt, maar door het consortium, en dat was voor de medewerkers in het begin wennen, herinnert Thielen zich. Om daaraan gelijk de waardering toe te voegen voor de wijze waarop de stichters van Far West hem vrijheid van handelen hebben geboden. 'Er is nooit enige wrijving geweest, zelfs niet wanneer onze aanpak haaks stond op het eerdere eigen werk van één van de leden.'

9

De renovatie van de Leeuw van Vlaanderen was het eerste grote project dat Far West omhanden had, in nauwe samenspraak met stadsdeel Bos en Lommer. Het uit 1960 daterende, door J.P. Kloos ontworpen woongebouw, op nog geen vier meter afstand van de Ring A10, staat in de Kolenkitbuurt — de 'eredivisie van de herstructureringsgebieden' genoemd. Het gebouw telde vijf lagen en 72 drie- en vierkamerwoningen. Oorspronkelijk lag het aan een brede laan, maar na de opening van de Coentunnel in 1966 werd Amsterdam-West met de Zaanstreek verbonden en nam de autodrukte op de ringweg enorm toe. De drukke verkeersader zorgt niet alleen voor een tweedeling van het stadsdeel Bos en Lommer, maar ook voor problemen als verkeerslawaai en stank.

Even werd sloop van de Leeuw van Vlaanderen overwogen. Europese milieueisen maakten herbouw echter niet mogelijk. Bovendien vormt het gebouw een geluidswal voor de rest van de buurt. Daarom werd besloten tot een hoogwaardige renovatie, waarbij de indeling van het flatgebouw volledig werd omgedraaid. De woningen kregen balkons aan de straatzijde in plaats van aan de snelwegzijde. Dankzij het stevige betonskelet bleek het mogelijk een ruimer aanbod aan woningtypen te creëren en het gebouw op te toppen met twee extra woonlagen, waarmee het aantal woningen kon stijgen van 72 naar 96, inclusief 54 sociale huurwoningen. Van de oorspronkelijke bewoners keerde eenderde na de renovatie terug in de Leeuw van Vlaanderen.

Tezelfdertijd werd gestart met de restauratie van de Akbar, het uit twee woongebouwen bestaande complex aan de Akbarstraat en het Jan van Schaffelaarplantsoen. De blokken zijn in 1951 gebouwd door het architectenbureau Evers en Salemijn in de Bossche Schoolarchitectuur. In het vernieuwingsplan werd gesproken over 'de beeldbepalende Akbarblokken, die samen met de Kolenkitkerk het historische en emotionele hart van de buurt vormen'. Ondanks de slechte bouwtechnische staat was het een reden om het complex te laten staan. Na de oplevering van de Nieuwe Akbar, begin 2006, keerden 37 van de 140 gezinnen terug. Alle overgebleven woningen werden in korte tijd verkocht aan derden, 'ondanks de nog altijd slechte reputatie van de buurt,' merkt Thielen op.

Eind 2005 kon Far West ook beginnen met enkele nieuwbouwprojecten. Allereerst op de Ringspoorzone, een tot dan vrijwel onbebouwde groene zone langs het spoor, waar het nieuwbouwproject Scala van start ging. Er verrezen 207 woningen, een zorgsteunpunt en enkele commerciële bedrijfsruimten. En net als bij de woningen in de Nieuwe Akbar, werden de woningen in hoog tempo verkocht. Thielen verklaart dit mede uit het gunstige prijsniveau van de koopwoningen, waardoor de woonlasten vaak vergelijkbaar zijn met die van sociale huurwoningen. Eén van de andere grote projecten was de in 2007 aangevangen bouw in Slotervaart van het complex Jatopa, met 176 koopappartementen.

Behalve herstel en nieuwbouw moest ook snel gestart worden met de sloop van woon-blokken, 'eigenlijk te snel, want op dat moment was er van vervangende nieuwbouw nog geen sprake,' zegt Jacques Thielen. Als voorbeeld geeft hij de sloop van 240 woningen aan de Noordstrook van het Delflandplein, 'zonder dat we voor deze huishoudens nieuwgebouwde woonruimte hadden. Daardoor werd het motto "eerst bouwen, dan slopen" geweld aangedaan'.

Die animositeit was gelukkig slechts van korte duur en vooral gebaseerd op onzekerheid bij de bewoners. In de jaren daarna heeft zich een duidelijke omslag voorgedaan. 'Nu is de vraag die ons wordt gesteld heel positief: "Wanneer zijn wij aan de beurt?" Mensen willen er nu bij horen, erkennen en herkennen de kwalitatieve omslag.'

Halverwege het tienjarig bestaan van Far West, in 2005, vond de eerder genoemde evaluatie plaats van de stedelijke vernieuwing in Nieuw-West. Op zowel inhoudelijk, financieel als organisatorisch gebied werd de voortgang van het ontwikkelingsplan *Richting Parkstad 2015* tegen het licht gehouden. Geconstateerd werd dat de sociaaleconomische ontwikkeling van de wijk achterbleef.

Om het fenomeen leefbaarheid beter op te kunnen pakken werd een raamovereenkomst gesloten tussen de gemeente Amsterdam en de corporaties in Nieuw-West. Hierin werd vastgelegd dat de centrale stad voor de coalitieperiode tot 2010 veertig miljoen euro zou vrijmaken om de sociale en economische pijler een impuls te geven in Nieuw-West. De corporaties namen de grondexploitatie van de gemeente over en verplichtten zich tot het bouwen van 92.000 vierkante meter sociaalmaatschappelijk vastgoed. In ruil voor het overnemen van deze aanzienlijke kostenposten, kregen de corporaties meer vrijheid in hun ontwikkelprogramma's.

Thielen tekent hierbij aan dat 'dit een belangrijke deal is geweest, die er voor heeft gezorgd dat de aanpak van Nieuw-West ook na 2006 door kon gaan. De gemeente Amsterdam had immers aangegeven dat zij de verwachte tekorten op de grondexploitatie en de onrendabels op het sociaalmaatschappelijk onroerend goed niet langer zou kunnen opbrengen'.

Tegelijkertijd merkt hij op dat de sociaaleconomische opwaardering van de wijk een lastige exercitie blijft. 'Het is het streven dat Nieuw-West een economische boost krijgt. Je hebt het dan over een breed scala aan te ondernemen acties. Meer dan alleen inkomensgericht. Meer dan alleen een koppeling aan huisvesting. Het gaat om het totale perspectief van de inwoners. En moet je voorstellen, een deel daarvan is nog niet eens binnen het bestaande stelsel van sociale voorzieningen gebracht. Je praat dan over zaken als alfabetisme, je hebt het over sociale isolatie waarin bepaalde bevolkingsgroepen verkeren. We zijn ons er terdege van bewust, zoeken naar mogelijkheden, sluiten samenwerkingsverbanden af met daartoe geëquipeerde partners en verleiden bedrijven zich hier te vestigen.'

11

'Essentieel bijvoorbeeld aan een levendige stad is een goed gevulde plint en waar mogelijk creëren wij daarvoor voorwaarden. Lage huren, makkelijke contracten en samenwerking zoeken met partners rond bijvoorbeeld de bouw van (brede) scholen. Maar je loopt snel op tegen de grenzen van de mogelijkheden. Je kunt niet maar blijven inleveren op de verhuur van bedrijfsruimten. En bij de bouw van brede scholen heb je veel, en intensief, en niet altijd even makkelijk, te maken met zeer uiteenlopende partners, en de daarbij behorende financieringsstromen.'

Een waardevolle ontwikkeling op dit vlak noemt Thielen de initiatieven van *Beehive*, ontwikkeld vanuit Vliegbasis de Huygens en nu uitwaaiend over Nieuw-West. 'Beehive heeft hier een innovatief en creatief plintenplan uitgevoerd. Far West maakt het mogelijk dat startende ondernemers, via Beehive, ruimten in de plinten van de flatgebouwen kunnen huren, voor relatief weinig geld. Daar wordt wel wat voor terug verwacht: inzet voor de buurt, in welke vorm dan ook, gedurende tenminste twee uur per week.' Voorbeelden zijn twee fotografen die op woensdagmiddag de kinderen uit de buurt over de vloer hebben in hun open kantoor, waar naar hartenlust geknutseld kan worden. En enkele vormgevers die unieke T-shirts maken en verkopen, met de buurt als inspiratiebron. 'De buurt knapt er zichtbaar van op,' zegt Thielen. 'Waar voorheen de garagedeuren dichtgespijkerd zaten, prijken nu open kantoren van jonge creatieve ondernemers.'

De evaluatie in 2005 markeert voor Jacques Thielen nog een ander kantelmoment. 'Het optimisme is teruggekeerd in Nieuw-West. Er is weer een gevoel van trots waar te nemen.' Hij noemt de bijdrage van het politieke bestuur daaraan essentieel. 'Zowel de centrale stad als de stadsdelen dragen uit dat Nieuw-West belangrijk is. Dat zij de wijk en de bewoners serieus nemen.'

Voor Thielen komt nu een derde element in beeld: 'Naast uiteraard het op gang houden van de fysieke ingrepen in de wijk, en de blijvende aandacht voor de sociaaleconomische verbeteringen, wordt het nu ook belangrijk om te gaan werken aan een compléte stadswijk. Cultuur, recreatie, ontspanning, dat soort factoren zijn minstens zo belangrijk. Zo belangrijk zelfs dat het binnen enkele jaren vanzelfsprekend moet zijn om vanuit de grachtengordel déze kant op te fietsen, in plaats van andersom. Dan kun je echt spreken over "Parkstad", een stadsdeel waar jonge creatieve ondernemers actief zijn, waar de Sloterplas een belangrijke recreatieplek voor Amsterdammers is geworden en waar de emotionele barrière die de ringweg vormt is verdampt. Dan is Parkstad meer dan alleen geografisch het centrum geworden van de regio Groot Amsterdam.'

Thielen hoopt dat tegen die tijd ook een andere missie van Far West bereikt is, die van de realisatie van tenminste één 'grand project'. 'Wat dit deel van Amsterdam behoeft, is een icoon, een beeldbepalend element, een Eiffeltoren. Ik heb er wel eens voor gepleit om Artis hierheen te halen: er is hier veel meer ruimte voor de dieren dan in de binnenstad. De wijk is nu nog teveel een woongebied.'

'Als icoon voor Nieuw-West ligt de Sloterplas zeer voor de hand. Gegraven om deze wijk mogelijk te maken, dus letterlijk en figuurlijk de bron van dit gebied. Het heeft de mogelijkheid uit te groeien tot een aantrekkelijk cultureel gebied, vergelijkbaar met het Vondelpark en het Amsterdamse Bos. Maar zo'n aanbod moet groeien, moet zich gaandeweg ontwikkelen. Dat kan en zal gestimuleerd worden wanneer de wijken er omheen vernieuwd zijn, zoals bijvoorbeeld het Noorderhof Zuid. Wat daaraan ook zal bijdragen is wanneer de Sloterplas niet meer onder drie verschillende stadsdelen valt, die ieder hun eigen beleidsopvattingen er op projecteren. En wat tot slot daaraan ook zal bijdragen is het verbeteren van de as Dam-Sloterplas, die amper 4,5 kilometer lang is. Dat moet een aantrekkelijke route worden.'

'Wat in de ontwikkeling, terugblikkend op tien jaar, ver over de helft is, is de sfeer-verbetering. Van een "sukkelige wijk" is Nieuw-West weer een wijk met guts geworden, een aantrekkelijke wijk om in te leven. Bewoners hebben het gevoel gekregen dat er echt wat voor hen gebeurt. De boosheid, als ik het zo mag noemen, het verongelijkte, het gevoel niet serieus genomen te worden, dat ik tien jaar geleden aantrof, is goeddeels weg. Er leeft weer optimisme, weer vertrouwen in de wijk. Uiteraard heeft het politieke bestuur daar ook een grote bijdrage in gehad. Zowel de centrale stad, Job Cohen bijvoorbeeld die altijd bereid is om te komen wanneer hij daarvoor wordt uitgenodigd, als de stadsdelen, met name de rol van Ahmed Marcouch, is evident.'

13

Terugkijkend onderscheidt Jacques Thielen twee cruciale momenten in de herstructurering van Nieuw-West: 'Als eerste de keuze van vier corporaties om een substantieel deel van hun bezit in handen te leggen van een nieuw samenwerkingsverband en daarmee een gebiedsgerichte aanpak mogelijk te maken, met een langlopende planning.

En ten tweede om niet te streven naar een nieuwe bevolkingssamenstelling, door in te zetten op instroom van (witte) mensen van buitenaf, maar te kiezen voor de huidige bewoners. De aanwezige potentie te omarmen en zo te zoeken naar stabiliteit in plaats van instabiliteit die zou zijn veroorzaakt door enorme verhuisstromen te creëren. Niet uit te gaan van het idee dat huur automatisch armoede betekent. Niet de fysieke eenduidigheid die de woonblokken suggereren een-op-een projecteren op de bewoners. Daarbinnen is een veel grotere diversiteit aanwezig, dan de Van Eesterencomplexen doen vermoeden.'

De nieuwe beslotenheid

Bernard Hulsman

De Westelijke Tuinsteden gingen de geschiedenis in als één van de gaafste voorbeelden van functionalistische stedenbouw. De 'functionele stad' , analoog aan de titel van een congres dat in 1933 door het *Congrès Internationaux d'Architecture Moderne (CIAM)* werd gehouden, onder leiding van de Nederlandse stedenbouwkundige C. van Eesteren, hield een veel striktere ruimtelijke scheiding in tussen wonen, werken, ontspannen en verkeer, dan op dat moment gangbaar was. Het streven naar 'licht, lucht en ruimte' werd vertaald in een open bebouwing met voldoende toetreding van zonlicht en frisse lucht. De stedelijke vernieuwing die nu plaatsvindt, is een reactie op de oorspronkelijke openheid. Op het overigens nauwelijks aangepaste stedenbouwkundig grid van Van Eesteren verrijzen gesloten bouwblokken met gedecoreerde gevels en besloten hofjes.

Nieuw-West heeft een groot, leeg en waterig hart: de Sloterplas. Zoals het hoort bij een echt hart, ligt de plas niet precies in het midden. Maar Geuzenveld, Slotermeer, Osdorp en Slotervaart grenzen allemaal aan het donkere water dat ontstond door de winning van het zand waarmee de tuinsteden zijn aangelegd.

Pal aan het lege hart van Nieuw-West ligt het Noorderhof. Dit buurtje wekt de indruk dat het ouder is dan de rest van de voormalige Westelijke Tuinsteden. Het lijkt een dorpje dat, net als bijvoorbeeld het oude Sloterdijk, in de twintigste eeuw is opgeslokt door het uitdijende Amsterdam. Maar het Noorderhof werd pas elf jaar geleden gebouwd, in opdracht van woningbouwvereniging Het Oosten (nu Stadgenoot). Het is een geliefde buurt geworden. Binnenkort volgt daarom het Noorderhof Zuid.

Rob Krier, de Luxemburgse ontwerper van het stedenbouwkundig plan van het Noorderhof, is de tegenpool van Cornelis van Eesteren (1897-1988), 'architect-urbanist' en geestelijk vader van de Westelijke Tuinsteden. Krier noemde de modernistische stedenbouw van stedenbouwkundigen als Van Eesteren en Le Corbusier eens eenvoudigweg 'Scheissdreck'. De ideeën van Van Eesteren en Le Corbusier hebben volgens Krier overal op de wereld geleid tot anonieme, onmenselijke woonwijken. Hij pleit daarom voor een terugkeer naar de traditionele, premoderne Europese stedenbouw, dat wil zeggen: met besloten straten en pleinen. Sinds het Noorderhof heeft Kriers pleidooi voor traditionele stedenbouw in Nederland steeds meer gehoor gevonden. Niet alleen heeft hij inmiddels op vele plekken in Nederland grote en kleine woonwijken in een traditionalistische stijl gebouwd, maar ook zijn er nog tientallen in aanbouw.

Het was dan ook niets minder dan een provocatie om juist de fanatieke anti-modernist Krier een buurt te laten ontwerpen in het hart van Nieuw-West. Zonder veel overdrijving kan dit deel van Amsterdam tenslotte het Mekka van de modernistische stedenbouw worden genoemd. De vroegere Westelijke Tuinsteden zijn het belangrijkste onderdeel van het *Algemeen Uitbreidingsplan (AUP)* van Amsterdam. Al in 1935 nam de Amsterdamse gemeenteraad het AUP aan, dat was ontworpen door de afdeling Stadsontwikkeling van de dienst Publieke Werken onder leiding van Van Eesteren. Maar het plan werd grotendeels pas na de Tweede Wereldoorlog uitgevoerd.

Van Eesteren was een overtuigd aanhanger van de 'functionalistische stedenbouw', met als leidend beginsel de beroemde trits 'licht, lucht en ruimte'. In tegenstelling tot de oude, volle en onhygiënische stad moesten de nieuwe stadsdelen open, fris en groen worden. Gesloten bouwblokken, de grondstof van bijvoorbeeld Berlages beroemde traditionalistische Amsterdam-Zuid, waren daarom taboe in de Westelijke Tuinsteden. Een gesloten bouwblok heeft immers altijd woningen die ongunstig liggen. Woningen waren machines om te wonen, vond Van Eesteren, en moesten daarom zo worden opgesteld dat ze zo gunstig mogelijk ten opzichte van de baan van de zon kwamen te staan, met slaapkamers op het noorden en de woonkamers op het zuiden. Verder was het volgens de functionalisten voor een ordelijke, hygiënische stad gewenst dat de verschillende functies wonen, werken en recreëren van elkaar worden gescheiden. Zo braken de functionalisten de traditionele stad letterlijk open.

Toch zijn die Westelijke Tuinsteden niet al te streng functionalistisch geworden. In de oorspronkelijke tuinsteden zijn nog verschillende sporen van de traditionele stad te vinden. Zeker, in sommige delen staan de flats en rijtjeshuizen keurig in rationele slagorde opgesteld. Maar vaak zijn de woningen geplaatst in haken, zoals de buurt in Geuzenveld die de bijnaam Dudokhaken heeft gekregen, naar de architect van de flats, W.M. Dudok. Hier staan de losse, inmiddels gerenoveerde bouwdelen, haaks op elkaar, zodat ze bijna halfgesloten blokken vormen. Ook duiken er in Nieuw-West nog wel traditionele straten op met gesloten gevels die functionalisten eigenlijk als achterhaald en ouderwets beschouwden. Verschillende hoofdwegen zijn aan beide zijden omzoomd met winkelruimtes, meestal in lage bebouwing. De winkels in de hoofdstraten laten ook zien dat functiescheiding geen dogma was in de oude Westelijke Tuinsteden: lang niet alle winkelruimtes zijn ondergebracht in winkelcentra als die op Plein '40-'45.

Opmerkelijk is dat in het walhalla van de modernistische stedenbouw niet alleen modernistische architecten opdrachten kregen. De traditionalisten Evers en Sarlemijn mochten de nu gerenoveerde woningen in de Akbarstraat en omgeving ontwerpen. Ze gaven hun bakstenen woningen klassieke dakranden. Verder westwaarts voorzagen ze de gevels van de winkels langs de Burgemeester De Vlugtlaan zelfs van zuilen. In de gevels zijn ouderwetse, boogvormige poorten aangebracht die toegang geven tot de hoven tussen de haaks op de straat staande complexen. Ook het ontwerp van de talrijke kerken in de Westelijke Tuinsteden werd vaak toevertrouwd aan traditionalistische architecten. Zo heeft een team Bossche-Schoolarchitecten (Jan van der Laan, Hermans, Van de Eerden en Kirch) de inmiddels gesloopte Pius X kerk ontworpen. En Granpré Molière, de onbetwiste voorman van de traditionalistische Delftse School, is de architect van de Nieuw-Verbond-Kerk, de bedevaartskerk aan het Granpré Molièreplein in het Noorderhof.

Zoals was te verwachten sluit de architectuur van het Noorderhof aan op het traditionalisme van Granpré Molières kerk. Maar ook stedenbouwkundig is het Noorderhof door en door traditioneel. Het buurtje is een antituinstad geworden die in het teken staat van een fenomeen dat je de nieuwe beslotenheid zou kunnen noemen. Tegenover de weidsheid en openheid van Nieuw-West stelde Krier in het Noorderhof de intimiteit van smalle straten en pleintjes met gesloten gevelwanden. In veel omringende oude woningcomplexen is het wonen opgetild en bevinden zich op straatniveau veelal bergingen, in het Noorderhof is de begane grond vooral bestemd voor wonen. De laagbouwwoningen hebben ook allemaal een achtertuin gekregen. De nieuwe beslotenheid van het Noorderhof wordt nog versterkt doordat de buurt zich afkeert van zijn omgeving. Hoge appartementencomplexen langs de Burgemeester Röellstraat en Slotermeerlaan fungeren als een soort vestingmuren.

Toen Van Eesteren en zijn dienst Stadsontwikkeling na de Tweede Wereldoorlog werkten aan de Westelijke Tuinsteden, zullen ze nooit hebben verwacht dat zij minder dan een halve eeuw na hun voltooiing alweer op de schop moesten. Het AUP was immers op wetenschappelijke leest geschoeid en gebaseerd op een ontzagwekkende hoeveelheid statistische gegevens, waaronder bevolkingsprognoses tot het jaar 2000. Maar de samenleving bleek minder maakbaar dan de planners dachten: al in de jaren zeventig, toen de laatste hand werd gelegd aan de tuinstad Osdorp, bleken de wetenschappelijke prognoses onjuist. De wetenschappers hadden niet verwacht dat Nederland in de jaren zestig en zeventig een immigratieland voor Turkse en Marokkaanse gastarbeiders zou worden. En ze hadden al helemaal niet voorzien dat de veelal laaggeschoolde immigranten zich later met hun overgekomen gezinnen in groten getale zouden vestigen in de Westelijke Tuinsteden.

Deze ontwikkelingen leidden al eind jaren tachtig, minder dan twintig jaar na de voltooiing van Osdorp, bij de bestuurders van de stadsdelen en woningbouwverenigingen tot het besef dat een radicale vernieuwing noodzakelijk was. 'Als we niet oppassen, glijden de tuinsteden af tot nare buurten, stelden we vast,' zo verwoordde Far West-directeur Jacques Thielen eens de noodzaak van vernieuwing. 'De eerste decennia waren de Westelijke Tuinsteden geliefde woonwijken,' legde hij toen uit. 'Maar eind jaren tachtig waren ze dat niet meer. Per jaar vertrok twintig procent van de bewoners naar Almere, Purmerend en dergelijke steden. Dat was veel meer dan gemiddeld uit Amsterdam vertrok. Ze waren toe aan een ruimere woning dan de portieketagewoningen waaruit grote delen van de tuinsteden bestaan. Hun plaats werd ingenomen door allochtonen met minder kansen dan de vertrekkers.'

De noodzaak tot stedelijke vernieuwing was niet alleen sociaaleconomisch. De Westelijke Tuinsteden hadden ook ruimtelijke tekortkomingen, stelden de bestuurders vast. 'Vijftig jaar geleden gaven de overvloedige open ruimtes in de Westelijke Tuinsteden de bewoners een gevoel van vrijheid,' aldus Thielen. 'Maar nu zorgen ze vooral voor angst en een gevoel van onveiligheid.' Deze overwegingen leidden er ten slotte toe dat de Westelijke Tuinsteden nu worden vernieuwd. De stedelijke vernieuwing bestaat uit vele sociale, economische en onderwijsprogramma's en, zichtbaarder, uit de renovatie en sloop van woningen en nieuwbouw. De gehele operatie omvat de sloop van 13.000 woningen en de bouw van 24.000 woningen — de vernieuwde Westelijke Tuinsteden ('Nieuw-West') zullen dus dichter bebouwd zijn dan de oude. Voor de helft bestaat de nieuwbouw uit koopwoningen. Die moeten er, samen met de nieuwe dure en goedkope huurwoningen, voor zorgen dat Nieuw-West een sociaaleconomisch gevarieerde bevolking krijgt. Ook nieuwe school- en cultuurgebouwen moeten daar een bijdrage aan leveren.

Met zijn traditionalistische architectuur en nieuwe beslotenheid was het Noorderhof een injectie in het hart van Nieuw-West. Het lijkt alsof woningcorporatie Stadgenoot, met steun van het stadsdeel Geuzenveld-Slotermeer, met het Noorderhof de verlammende werking heeft willen doorbreken die uitgaat van de grote bewondering waarop Van Eesteren en zijn AUP onder Nederlandse architecten nog altijd kunnen rekenen. Het Noorderhof moest laten zien welke kant het wat de stadsvernieuwers betreft op moet. Want al maakt het officieel geen deel uit van de stedelijke vernieuwing, toen Krier midden jaren negentig de opdracht voor het buurtje kreeg, waren de plannen al in de maak.

De Nederlandse architecten die voor de stedelijke vernieuwing in de arm zijn genomen, zijn geen van allen zo traditionalistisch als Rob Krier. Opgeleid in de modernistische traditie en begiftigd met een heilig ontzag voor Van Eesteren als ze zijn, zouden ze dat niet kunnen en ook niet willen. Allemaal willen ze met hun ontwerpen recht doen aan Van Eesterens AUP. Maar toch komen in bijna alle stadsvernieuwingsprojecten één of zelfs enkele van de thema's voor die Krier injecteerde in het hart van Nieuw-West.

Aansluiting bij een oude bouwstijl speelt bijvoorbeeld een rol bij Scala, een in 2009 opgeleverd woongebouw van FARO Architecten in de Kolenkitbuurt. Met hun gebouw van bakstenen in verschillende metselverbanden en een 'expressieve' ronde hoek hebben de architecten van FARO aansluiting gezocht bij de Amsterdamse School, de stijl uit het begin van de twintigste eeuw die zo nadrukkelijk aanwezig is in de nabije vooroorlogse buurten als Bos en Lommer en de Baarsjes en die werd verfoeid door functionalisten als Van Eesteren. Zo willen de architecten een brug slaan tussen de oude wijken binnen de ringweg A10 en Nieuw-West. Het is vast geen toeval dat vlakbij Scala ook letterlijk een brug is geslagen tussen het oude en het nieuwe Amsterdam in de vorm van een kantoorgebouw over de ringweg, die brede snelweg die vaak wordt ervaren als een psychologische én fysieke barrière tussen Nieuw-West en de rest van de stad.

Het nieuwe traditionalisme is ook, zij in het mindere mate, verder westwaarts te zien in de Leeuw van Vlaanderen, een gerenoveerd en opgetopt woningcomplex van J.P. Kloos pal langs de A10. Langs de ringweg hebben de architecten van Heren 5 het vernieuwde gebouw een glazen gevel gegeven die dient als geluidsisolatie. Met zijn horizontale geleding en overvloedige glas sluit de snelwegkant van de Leeuw van Vlaanderen aan op het voormalige GAK-gebouw aan de overzijde van de snelweg, een streng modernistische doos van Ben Merkelbach en Piet Elling uit de jaren zestig. Maar aan de andere kant, aan de Leeuw van

Vlaanderenstraat, wordt het beeld van de gevel bepaald door de natuurstenen bekleding die op een klassieke manier is geleed. Niet alleen springen sommige geveldelen iets naar voren en vormen zo een klassiek risaliet, maar ook zijn de gevelplaten afwisselend ruw en glad. Maar belangrijker is nog dat bij de renovatie de bergingen op de begane grond zijn veranderd in woningen met tuintjes, zodat de Leeuw van Vlaanderenstraat nu 'ogen op de straat' heeft gekregen.

Nog verder westwaarts, niet ver van het Noorderhof, is de nieuwe beslotenheid opgerukt op het Plein '40-'45, het centrum van Geuzenveld/Slotermeer. In het begin van de 21ste eeuw is hier, aan het plein waar bijna dagelijks een markt staat, het winkelcentrum '40-'45 gebouwd, naar een ontwerp van OIII architecten. Het centrum is onderdeel van een complex dat ook 73 woningen omvat en een parkeergarage met 502 plaatsen, en zo verschillende functies mengt.

Winkelcentrum '40-'45 is een voortzetting van Plein '40-'45, maar wel met een heel ander karakter. Terwijl Plein '40-'45 een weidse, openbare ruimte is, heeft winkelcentrum '40-'45 twee nauwe overdekte binnenstraten, met ongeveer de verhoudingen van de Kalverstraat in de oude binnenstad. Hier hangen overal bewakingscamera's duidelijk in het zicht en bovendien hebben veel winkels geüniformeerd bewakingspersoneel. Het nieuwe winkelcentrum is, kortom, een goed beveiligde, besloten ruimte.

Ook in de nieuwbouw aan het Confuciusplein van Erna van Sambeek is van modernistische functiescheiding geen sprake. Weliswaar sluit Van Sambeek met de horizontaal gelede gebouwen aan bij de modernistische traditie, maar behalve woningen omvatten ze, op de begane grond, een supermarkt, een huisartsenpost en een gemeenschappelijke bewonersruimte. Verder noordwaarts is in het Eendrachtspark Parkrand neergezet, een gebouw van het 'supermodernistische' MVRDV, het Rotterdamse bureau dat neo-traditionalisme verafschuwt. Het moest van de opdrachtgever, woningbouwvereniging Het Oosten (nu Stadgenoot), een 'icoon' worden, een gebouwensoort waaraan Nieuw-West een gebrek heeft. Met zijn spectaculair grote gaten, een ode aan de openheid van Van Eesterens AUP, is het inderdaad een blikvanger geworden. Maar ook in deze 'supermodernistische' doos met gaten heeft de nieuwe beslotenheid zijn intrede gedaan, in extreme mate zelfs. Op het dak van de begane grondverdieping heeft Parkrand verschillende, met glijbaantjes en bomen in reuzenbloempotten uitgeruste speelplaatsjes gekregen die alleen toegankelijk zijn voor de bewoners. Zijn de straten en pleinen van het Noorderhof weliswaar besloten, maar openbaar gebied, de dakpleintjes van Parkrand zijn strikt privaat terrein.

Datzelfde geldt voor de Geuzentuinen, een complex huur- en koopwoningen uit 2003 dat naar een ontwerp van FARO Architecten werd gebouwd op de Geuzenbaan, die eveneens een collectieve binnentuin heeft gekregen, alleen voor bewoners toegankelijk. Waar de tuin aan de straat grenst, is een hek geplaatst. De collectieve tuin op de ondergrondse parkeergarage grenst aan de achtertuintjes van de woningen op de begane grond. Die hebben, aan de straat, kleine voortuintjes die een overgangsgebied vormen tussen de openbare straatruimte en de private binnenruimte. Om het contact van de bewoners met de straat te vergroten, hebben deze woningen geen hal gekregen.

Tussen Parkrand en de Geuzentuinen is, naar een ontwerp van Vera Yanovshtchinsky, tussen de Beerenbrouckstraat en de Ripperdastraat een nieuw Basiushof gekomen. Ook dit gebouw heeft een besloten 'hof' gekregen, met op de begane grond opgetilde woningen op een parkeergarage die met trappetjes met de straat zijn verbonden. Door hun trappetjes doen de entrees in de verte denken aan de ingangen van grachtenhuizen in het oude Amsterdam, waar de trappen met bordessen een veel gebruikt overgangsgebied tussen publiek en privé vormen.

Zo zijn in bijna alle nieuwbouw de lessen van de oude Westelijke Tuinsteden verwerkt. Menging, niet alleen van verschillende woningtypen, maar ook van functies, is kenmerkend voor veel stedelijke-vernieuwingsarchitectuur. Opvallend veel aandacht in de nieuwbouw hebben de ingangen gekregen. De tijd dat de bewoners via haveloze portieken of lange anonieme galerijen naar hun woning moesten, behoort voorgoed tot de verleden tijd. Zo veel mogelijk ingangen op de begane grond, met een geleidelijke overgang van de publieke straat naar de private woning, is het devies van de nieuwbouw. Ook in maat variëren de nieuwe gebouwen in Nieuw-West aanzienlijk. Soms gaat het om een kleine ingreep, zoals een klein blokje rijtjeshuizen, soms gaat het om honderden woningen die plaats moeten maken voor forse appartementenblokken. Maar bij alle nieuwbouw bestaat de plint, zoals de begane grond in architectenjargon heet, nooit uit bergingen.

Stilistisch is de variatie in de nieuwbouw veel groter dan in de oorspronkelijke Westelijke Tuinsteden. Expressionisme en neo-modernisme genieten de voorkeur, maar sommige architecten schuwen zelfs een milde vorm van traditionalisme niet. Wat ze in ieder geval allemaal delen is een afkeer van de onbestemde openbare ruimte, die zo kenmerkend is voor de oude Westelijke Tuinsteden. De meeste nieuwbouw staat op een of andere manier in het teken van de nieuwe beslotenheid.

Datzelfde geldt voor de grote nieuwe woongebouwen die de afgelopen jaren ten westen van het Sloterpark zijn verrezen. Alleen de cilindervormige toren van DKV is hier een solitair object in de open ruimte. De andere complexen zijn allemaal besloten. Het lichtgekleurde complex met de veelzeggende naam Bastion van Cees Dam en partners heeft een afsluitbaar driehoekig binnenhof waarvan het hek overdag open staat. Ernaast ligt, niet minder veelzeggend, het Waterfort, een woningcomplex van KOW architecten met een hof dat is omringd door een heuse gracht. Hierdoor lijkt het op een middeleeuws kasteel in een modern jasje.

Iets verder naar het westen zijn drie forse, bijna geheel gesloten bouwblokken met een grote verscheidenheid aan koop- en huurwoningen gebouwd. Deze blokken, eveneens van Cees Dam en partners, betekenen een onverbloemde terugkeer naar de monumentale Berlagiaanse stedenbouw, die Amsterdam-Zuid tot een nog altijd geliefde woonwijk maken. Dit geldt al evenzeer voor de grote gesloten nieuwbouwblokken die zijn gebouwd aan weerszijden van de Pieter Calandlaan in Osdorp. Hier zijn forse bouwblokken verrezen met, alweer, collectieve binnentuinen die naar de zuidzijde zijn geopend. Door de combinatie van de brede laan en gesloten blokken met bakstenen gevels van onder anderen DKV architecten, lijkt dit deel van Nieuw-West sprekend op de hoofdlaan van IJburg, de op Berlage's Amsterdam-Zuid geïnspireerde nieuwbouwwijk in het IJmeer, die dank zij de talrijke appartementenblokken de dichtst bebouwde Vinex-wijk van Nederland wordt. Maar Cadiz, een nieuwbouwwijkje van Abbink & De Haas dat in het midden van Osdorp ligt, lijkt weer meer op een gemiddelde Nederlandse Vinex-wijk, waar de woningdichtheid half zo hoog is als die op IJburg. De 54 eengezinswoningen met tuintjes, de vijftien iets hogere beneden-bovenwoningen langs de Hoekenesgracht, de strookjes openbare ruimte die vanuit het nabijgelegen park de wijk binnendringen — alles lijkt hier op een Vinexwijk zoals je die op tientallen plekken in Nederland kunt zien. De gladde, wit gestucte woningen met hun platte daken en houten luiken moeten, getuige de naam van het wijkje, zorgen voor een mediterrane sfeer, maar zijn natuurlijk ook een verwijzing naar de witte architectuur van pioniers van het modernisme als Le Corbusier en Van Eesteren

Ook de vier torens van Wiel Arets in de Jan van Zutpenstraat sluiten aan op het modernisme van de oorspronkelijke Westelijke Tuinsteden. Bij hoge uitzondering is in deze nieuwbouw niets te bespeuren van de nieuwe beslotenheid. Arets heeft aan het water vier zakelijke, eendere torens in de open ruimte geplaatst en heeft zo voor een extreme tegenstelling met het Noorderhof gezorgd.

De grote verscheidenheid van de stedelijke vernieuwingsarchitectuur is een doorn in het oog van sommige architectuurhistorici en architecten. Zij vinden dat de lappendeken van verschillende projecten de eenheid en orde van Van Eesterens oorspronkelijke schepping geweld aan doet. Ook de oprukkende nieuwe beslotenheid die steeds meer in de plaats komt van de open ruimtes in Nieuw-West betreuren ze.

De critici gaan gebukt onder een al te groot respect voor Van Eesteren en beschouwen diens Westelijke Tuinsteden te veel als een onaantastbaar kunstwerk. Iedereen weet dat je in een kunstwerk niet kunt wonen. Bovendien was ook Van Eesteren een kind van zijn tijd. Inmiddels zijn niet alleen de prognoses waarop zijn AUP was gebaseerd onjuist gebleken, maar ook zijn de algemene opvattingen veranderd over wat een prettige stad is.

Het gaat nu met Nieuw-West zoals het in de loop van de tijd ook met de universeel bewonderde Amsterdamse grachtengordel is gegaan. Van de grachtengordel hebben de zeventiende-eeuwse ontwerpers alleen de hoofdstructuur bepaald; de precieze invulling van de grachtengordel lieten ze over aan particulieren en de tijd. Er is in de loop van de eeuwen voortdurend gesloopt en gebouwd langs de Amsterdamse grachten. En er zijn zelfs veel grachten gedempt. Het resultaat is een grote variatie in stijlen, maten en soorten van gebouwen in de binnenstad. Maar de hoofdstructuur van de grachtengordel bleef behouden.

Op vergelijkbare wijze tast de stedelijke vernieuwing nu de hoofdstructuur van Van Eesterens ontwerp niet aan. Alleen wordt, net als in de grachtengordel, de invulling nu anders. Wat in de loop van de tijd niet goed meer functioneerde — de overvloedige, anonieme, open ruimtes die eens voor een gevoel van vrijheid zorgden, maar nu vooral angst inboezemen — wordt deels vervangen door de nieuwe beslotenheid waar de 21ste-eeuwse bewoners zich prettiger bij voelen. Nieuw-West wordt, kortom, meer een traditionele stad met een variatie aan open en besloten ruimtes en architectuur.

Dit is nergens anders beter te zien dan in het 2009 voltooide Jatopacomplex in de Jan Tooropstraat in Slotermeer. Hierin hebben Köther Salman Koedijk architecten elk deel van het complex een andere gevel gegeven. En dat niet alleen: elk onderdeel is voorzien van verschillende ornamenten. Studio Job ontwierp betonnen reliëfs van bloemen, dieren en uitbeeldingen van sporten en ambachten die boven vrijwel alle ramen en deuren zijn geplaatst. Elk van de afzonderlijke delen waaruit het Jatopacomplex bestaat, heeft een eigen thema gekregen. Zo beklemtonen de versieringen de verschillen tussen de bouwdelen die langs de Jan Tooropstraat een gesloten gevelwand vormen. Tegelijkertijd vormen ze een soort beeldverhaal, zodat de Jan Tooropstraat toch een duidelijke eenheid is, zoals de straten in Berlages Amsterdam-Zuid en de grachten in de oude binnenstad.

Maar zelfs het vernieuwde, dichter bebouwde Nieuw-West zal het groene karakter behouden. Daarvoor staat de ijzersterke hoofdstructuur van Van Eesterens AUP en natuurlijk het grote, natte hart met het aangrenzende park garant. Zo zal Nieuw-West altijd een tuinstad blijven.

23

Nieuwbouw in het Mekka van licht, lucht en ruimte

Luuk Kramer

Fotograaf Luuk Kramer begon in 2007 de eerste veranderingen in Nieuw-West vast te leggen. Hij kwam op plekken waar de omschakeling van oud naar nieuwbouw geconcentreerd is en waar, bijvoorbeeld, de portiekflats plaats maakten voor nieuwe hedendaagse appartementengebouwen. Hij zwierf door de wijk en fotografeerde de transformatie. Sommige locaties volgde hij in de tijd om zo de transformatie letterlijk in beeld te vangen. In zijn fotografie focust hij op de stedenbouw en architectuur, 'omdat', stelt hij, 'van de veronderstelling wordt uitgegaan dat juist deze twee elementen voorwaarde scheppend zijn voor het welslagen van de transitie van achterstandswijk tot geïntegreerd onderdeel van de stad Amsterdam'. Daarbij kiest hij voor een wat beschouwelijke benadering; geen journalistieke invalshoek (dicht op het nieuws), maar een juist wat meer op afstand gerichte. De serie foto's is daardoor contemplatief, gericht op het verbeelden van het proces.

De foto's in het boek zijn min of meer chronologisch gerangschikt en volgen het proces van naoorlogse architectuur; renovatie, sloop en hedendaagse nieuwbouw.

Ewoud Worststraat

Johannes Poststraat

Lodewijk van Deysselstraat

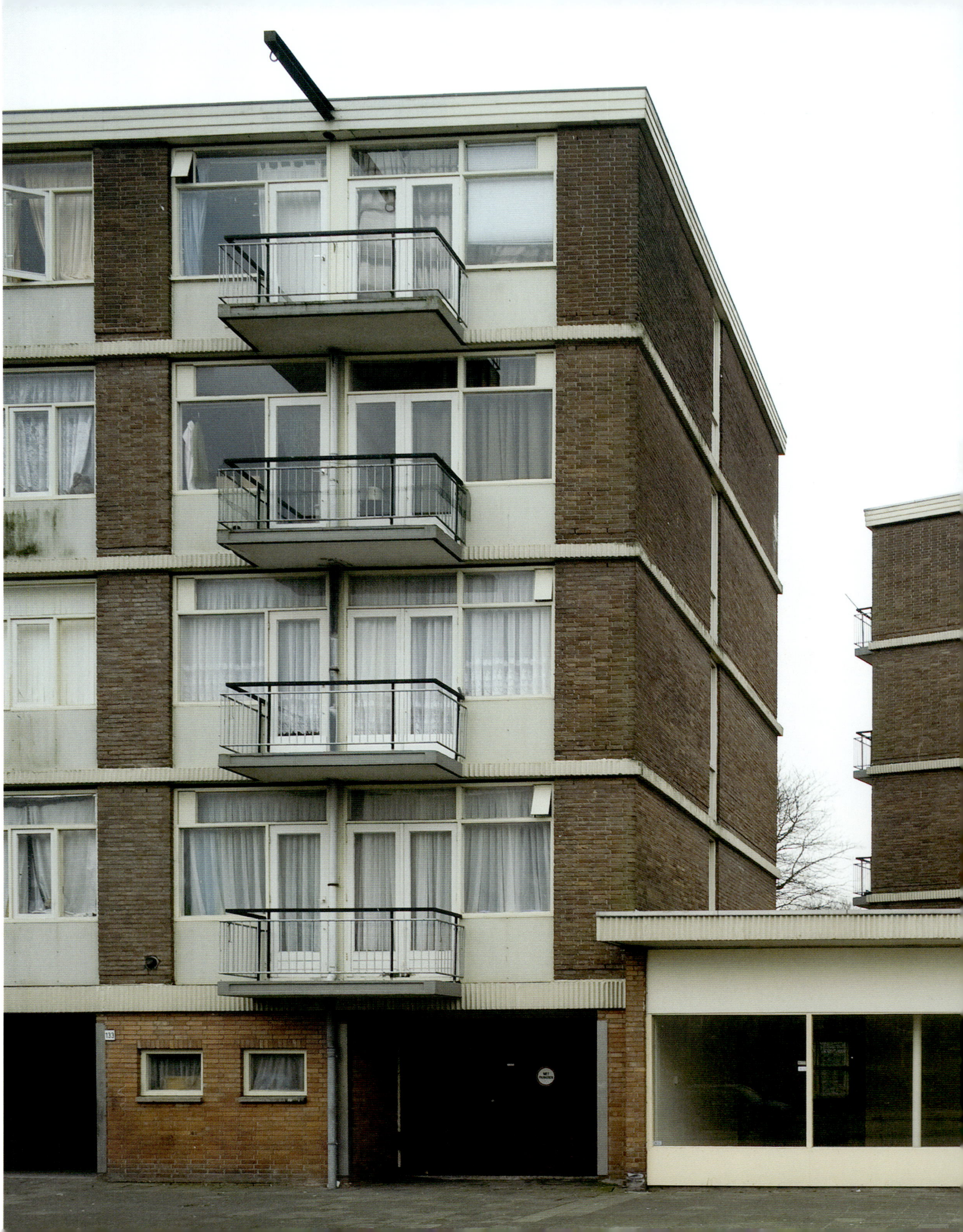

De Savornin Lohmanstraat

5

De Savornin Lohmanstraat/Bartholt Enthesstraat

34

6 Bartholt Enthesstraat/Jan Abelszstraat

7

Botteskerksingel

De Savornin Lohmanstraat/Bart van Hovestraat

Elisabeth Boddaertstraat

Johan van Kuyckstraat

William Boothstraat, Slotervaart

Reimerswaalstraat

Einsteinweg

Noordzijde

Postjesweg

Maassluisstraat

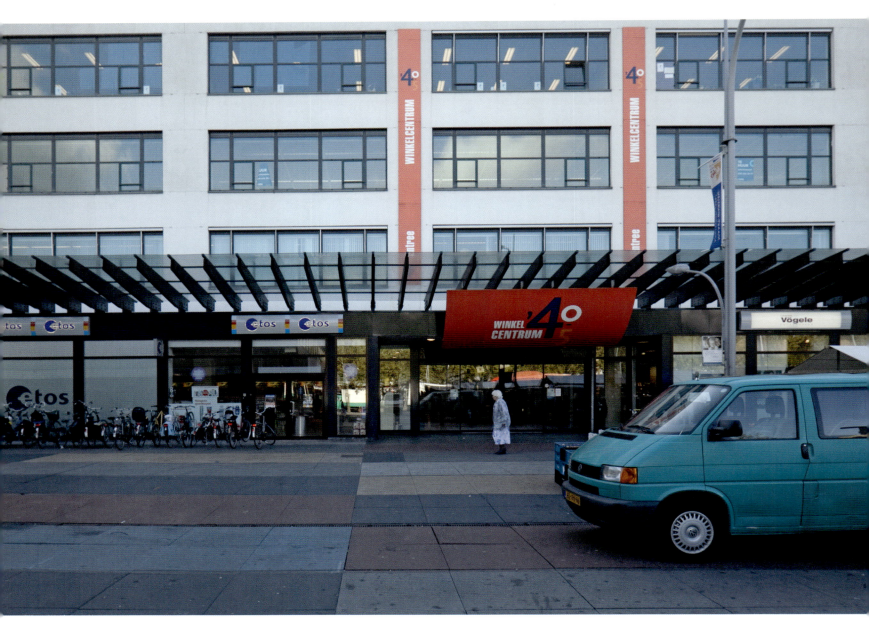

Plein '40-'45

an de Jonghkade

Plein '40-'45

Lambertus Zijlplein

Nicolaas Ruychaverstraat

Burgemeester Röellstraat

Osdorper Ban

Oeverpad

Oeverpad

Oeverpad

Clauskindereweg

Osdorper Ban

Osdorper Ban

Henri Dunantstraat

Henri Dunantstraat

Nolensstraat

Descartesstraat

Jan Mankesstraat

Postjesweg

Jan van Zutphenstraat

Bart Poesiatstraat

Rijswijkstraat

Karel Klinkenbergstraat

A-10 ter hoogte van Jan van Galenstraat

Bos en Lommerweg

Ernest Staesstraat

Leeuwendalersweg

Confuciusplein

94

Eendrachtspark

Jelte Eelsmastraat

Albardakade

Pieter van der Werfstraat

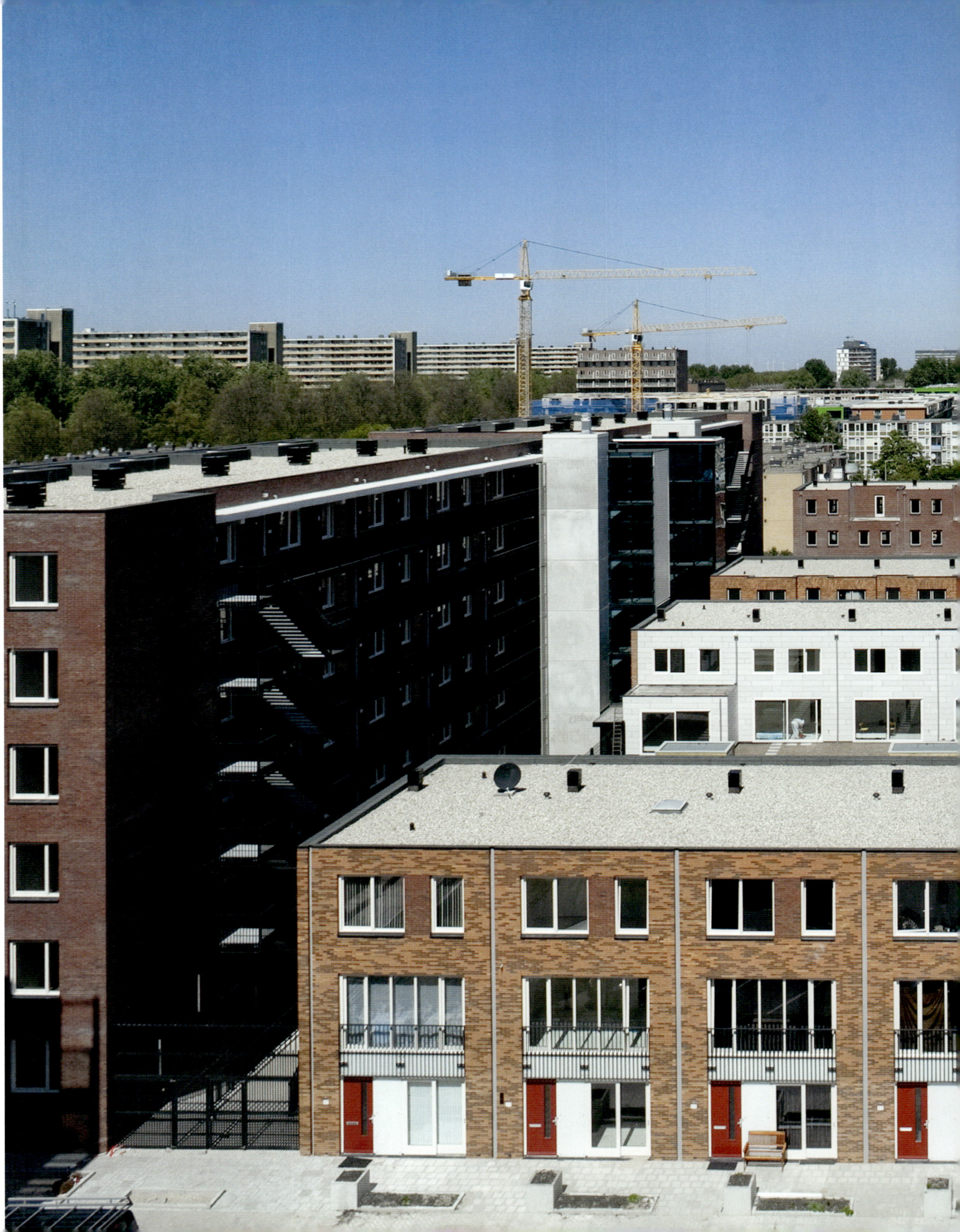

Vanaf de Pieter Calandlaan

63

Domela Nieuwenhuisstraat

Descartesstraat

Aalbersestraat

Meer en Oever

Meer en Oever

Meer en Oever

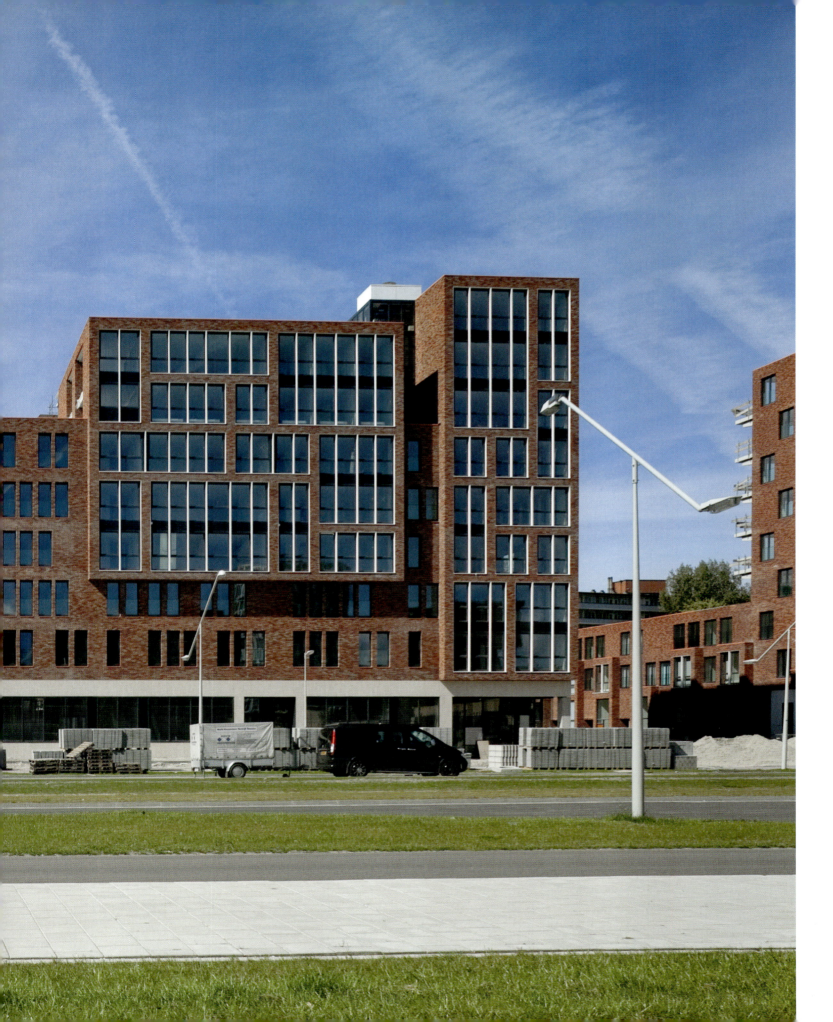

Wolbrantskerkweg

Wolbrantskerkweg

Pieter Calandlaan

Ruys de Beerenbrouckstraat

J.S. Ruppertstraat

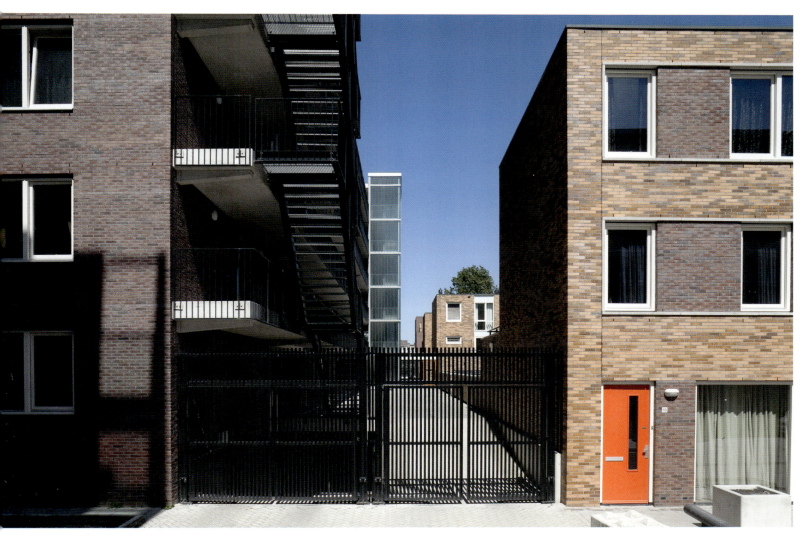

Ferdinant Spitstraat

Delflandlaan

Slotermeerlaan

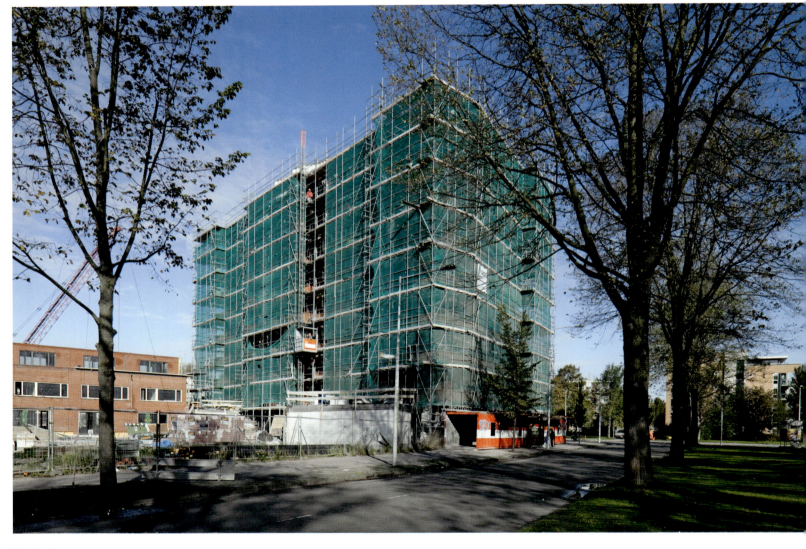

Troelstralaan

Stedelijke vernieuwing in Nieuw-West 2000-2010

Kees de Graaf

Tien jaar is de stedelijke vernieuwing van de Westelijke Tuinsteden aan de gang.

Over de vraag wat dit heeft opgeleverd, meer dan alleen de nieuwe naam

'Nieuw-West', buigt zich een gevarieerd gezelschap, van beleidsmakers

en wetenschappers tot architecten en projectontwikkelaars.

Wat hen bindt is de betrokkenheid bij de toekomst van dit omvangrijke stadsdeel,

waarvan de herstructurering door sommigen is benoemd als de 'grootste in Europa'.

Tijdens een busrit door de wijk en aansluitend een debat, maken zij de balans op.

De bustocht begint bij vliegbasis De Huygens en doet al snel de ringweg A10 aan. De verhoogd gelegen snelweg vormt een forse barrière tussen Nieuw- en Oud-West, tussen nieuwe en oude stad. Een barrière die zich niet alleen in fysiek opzicht en in termen van reistijd doet voelen, maar die ook diep is ingesleten in de mentale kaart van veel Amsterdammers. 'Buiten de ring gebeurt er helemaal niets' en 'daar wonen alleen maar allochtonen' zijn van die beelden die over Nieuw-West ten tonele worden gevoerd. In sommige gevallen berusten die beelden wel op enige waarheid, bijvoorbeeld afkomstig uit het onderzoek dat de gemeentelijke dienst O+S regelmatig uitvoert. Daar blijkt bijvoorbeeld uit dat het aantal allochtonen in de Westelijke Tuinsteden inderdaad hoger ligt dan het hoofdstedelijk gemiddelde[1] en ook dat het aantal PVV-stemmers bij de Europese verkiezingen hier het hoogst was.[2] Dat dergelijke cijfers in de beleving van mensen een eigen leven gaan leiden, staat echter ook vast.

Vanuit de bus is te zien dat een deel van de 'dikke koek' tussen Nieuw- en Oud-West inmiddels wordt 'weggegeten'; het plan 'Laan van Spartaan' is in uitvoering gegaan en ook rond het Andreas-ziekenhuis gaat het nodige gebeuren. Of de A10 zelf op termijn ook verdwijnt, is afwachten. Er zijn wel studies gedaan om de ringweg te overbouwen[3], maar de realisatie daarvan wordt niet op korte of middellange termijn verwacht.

Onmiddellijk wordt vastgesteld dat voorkomen moet worden dat de fysiek-mentale afstand naar Nieuw-West samengaat met een sociaaleconomische segregatie van haar inwoners. Tarik Yousif, directeur van Creative Urbans en betrokken bij allerlei leefbaarheids- en scholingsprojecten in het stadsdeel, zegt hierover: 'Segregatie mag dan inmiddels niet meer zozeer over huidskleur gaan, het is wel zo dat we de onderkant van onze samenleving op kleur kunnen indiceren. Wanneer daardoor de diversiteit in de wijk onder druk komt te staan, treden er ongewenste neveneffecten op. Een typisch voorbeeld is het jaarlijkse uitstapje dat ik maak met dertig leerlingen van havo en vwo uit Nieuw-West naar de TU Delft en dat het merendeel dan zegt: "Oh, is dit nou een universiteit". Die universiteit had voor hen net zo goed op Mars kunnen staan, zo onbekend zijn ze daarmee. Hun blikveld is beperkt en dat is geen goede zaak.'

Het is een stellingname die Ankie Verlaan, voormalig ROC- en UvA-bestuurder, onderschrijft: 'Voor een goede levensloop van kinderen is contact met anderen van essentieel belang. In dat verband is segregatie toch niet goed; het beperkt de toekomst van kinderen. Veel jongeren van Nieuw-West zijn nog nooit buiten de wijk geweest en weten inderdaad niet wat een universiteit of gerechtsgebouw is. Daar moet je wat aan doen. Andersom geredeneerd hangt "menging" er ook mee samen dat andere Amsterdammers hier naartoe komen en met

[1] Bijna de helft van de inwoners van Nieuw-West is van allochtone oorsprong, ruim 80.000 in 2010. De grootste groep behoort tot de tweede en derde generatie mensen van met name Marokkaanse, Turkse en Surinaamse afkomst. *Bron: ministerie VROM.*

[2] In vier van de Amsterdamse stadsdelen is de Partij voor de Vrijheid (PVV) bij de Europese verkiezingen van juni 2009 de grootste geworden. Het ging om Noord (26,3%), Geuzenveld/Slotermeer (22,9%), Osdorp (26%) en Slotervaart (19%). *Bron: Het Parool.*

[3] De totstandkoming van de A10 is beschreven in twee recente studies over snelwegen: *De diabolische snelweg* van Wim Nijenhuis en Wilfried van Winden (2007, Uitgeverij 010) en het *Cahier van de stedelijke autosnelweg* van BAPS Architecten (Atelier Rijksbouwmeester, 2008). Hierin wordt ook aandacht besteed aan mogelijkheden om deze barrière te slechten.

eigen ogen zien wat Nieuw-West betekent en hoe hier wordt geleefd. Het is hier aantrekkelijk en dat moet veel meer voor het voetlicht worden gebracht.'

Dat laatste kan Moustapha Baba, partner in bureau Mexit, beamen: 'Ik heb een tijd in Hoofddorp gewoond, maar ik kom binnenkort weer terug. Het is hier veel gezelliger!' Tarik Yousif: 'We vragen wel van onze kinderen dat ze weten waar de Dam ligt, maar andersom heeft men geen idee waar Nieuw-West ligt. Die onbalans moet worden hersteld.'

Volgens Diana Krabbendam, partner in The Beach Foundation die werkt aan diverse sociaal-culturele projecten, kan de barrière tussen Nieuw-West en de rest van de stad mede worden geslecht door 'betekenisvolle ontmoetingen' te faciliteren: 'Kijk bijvoorbeeld naar het Pal West-initiatief, waarbij rond een nieuwe modeacademie jongeren vanuit de hele stad elkaar ontmoeten. Allerlei groepen helpen elkaar hierbij en zo worden er contacten gelegd. Het zijn processen die tot nu toe veel te weinig worden gefaciliteerd. Het zijn voorzieningen die veel meer moeten worden meegenomen in de stedelijke ontwikkeling van dit stadsdeel.'

Ontwikkelaar Peter van der Gugten (Proper-Stok Groep) noemt in dit verband het succesvolle Now & Wow-initiatief[4], dat Rotterdam Zuid — voorheen het 'afvoerputje' van de havenstad — op de kaart heeft gezet: 'Juist in dit soort wijken is ruimte voor dingen die niet in de grachtengordel gebeuren. Now & Wow, dat kan ook hier.' Far West-directeur Jacques Thielen is op dit punt niet pessimistisch gestemd: 'Er komen in Nieuw-West steeds meer broedplaatsen[5] en plintprogramma's. We horen van meer en meer mensen dat het hier leuker is dan in Noord. Daarmee kan die Ring A10 een verdampring worden. Wanneer we er bijvoorbeeld in slagen om van de Sloterplas een aantrekkelijk verblijfsgebied te maken, zal de afstand van 4,5 kilometer tot de Dam steeds minder een *issue* zijn.' Wethouder Freek Ossel voert de analogie met Strandje Blijburg op: 'Dat heeft IJburg echt op de kaart gezet. Niet dat je dat nu bloedeloos moet kopiëren; Nieuw-West moet zich profileren met iets eigens.'

[4] Nachtclub Now & Wow, een initiatief van ondernemer Ted Langenbach, is gevestigd in de Maassilo aan de Maashaven Zuidzijde in Rotterdam.

[5] De projectenlijst van Bureau Broedplaatsen van de gemeente Rotterdam vermeldt in september 2009 een behoorlijk aantal broedplaatsen in Nieuw-West. Voorbeelden zijn: Beehive, Otto Heldringstraat 3, Vliegbasis De Huygens, 1800 Roeden, Grote Geusplein, Diderotstraat en HTS Wiltzanghlaan/F. Huyckstraat.

123

Oude en nieuwe bewoners: toenadering of afsluiting

Plein '40-'45 vormt de volgende stop op de route. Het winkelcentrum met aanpalend plein is enkele jaren geleden ingrijpend onder handen genomen.

De Albert Heijn die in het winkelcentrum van Plein '40-'45 is ondergebracht, is het werk-terrein van supermarktmanager Harold Stolwijk. Hij ziet dat de wereld van Nieuw-West in korte tijd enorm is veranderd: 'Ik zag net nog een gesluierde dame op een bakfiets. Dat beeld was enkele decennia geleden ondenkbaar.' In zijn supermarkt heeft Stolwijk evenzeer te maken met de allochtone bevolkingsgroepen die het stadsdeel de afgelopen jaren hebben ontdekt als betaalbaar huisvestingsalternatief. Naar aanleiding van een opstootje in zijn winkel tussen een allochtone en autochtone dame zag hij kansen om op een andere manier met zaken als criminaliteit en ongewenst gedrag om te gaan: 'De gebruikelijke manier is om meer bewaking in te stellen, politie te spelen en bepaalde groepen uit de winkel te weren. Maar daarmee bevestig je juist het vooroordeel dat deze groepen over ons hebben.' In plaats daarvan besloot Harold Stolwijk echt contact te gaan maken met de jongeren en onder meer hun scholen te bezoeken, om daar over de problemen te discussiëren. Hij ging zelfs zover dat hij lastige jonge klanten uitnodigde voor een sollicitatiegesprek. 'Met als resultaat: er wordt een relatie opgebouwd, er ontstaat wederzijds respect, zij komen uit de anonimiteit. En daardoor verdwijnt het spanningsveld — en daarmee de overlast en de onveilige situatie.'

Deze ervaringen, waarbij hij in drie jaar tijd samenwerkte met tweehonderd jeugdigen in Nieuw-West, heeft Stolwijk gesterkt in zijn overtuiging dat jongeren niet uit eigen keus op straat willen hangen. 'Zij willen gezelligheid en ergens bij horen. Net zo goed willen zij iemand zijn in een leefbare, sfeervolle en veilige omgeving. Inmiddels is het zo dat nieuwe sollicitanten worden aangedragen door hun collega's, waardoor een sollicitatiegesprek nog slechts een formaliteit is. Ik was onlangs bij de opening van het eerste participatiecentrum van Amsterdam, gevestigd in het stadsdeelkantoor van Geuzenveld-Slotermeer. Iedere bewoner kan daar op laagdrempelige wijze op zijn of haar manier de volgende stap zetten, onder de noemer "Iedereen doet mee". Naar mijn idee een prima project, dat goed aansluit bij onze eigen ervaringen.'

Fremdkörper in de wijk: de nieuwe enclaves

Wanneer de bustocht het Noorderhof passeert, komt het gesprek op de vorming van wijkjes als deze die — ook al zijn ze openbaar toegankelijk — zich afzonderen van de omgeving en enclaves vormen. En niet alleen de bebouwing zondert zich af, ook de bewoners doen dat. Bij een aantal nieuwe, gestapelde woningcomplexen is deze enclavevorming evenzeer aanwijsbaar.

Moustapha Baba signaleert dat de veranderende mix van kopers en huurders die door dit soort projecten wordt gestimuleerd aanleiding kan zijn voor spanningen, zeker in gemengde projecten: 'Ik denk aan mensen die bewust een woning in een bepaald project hebben gekocht, maar wel geconfronteerd worden met de vuilniszakken die van drie hoog naar beneden worden gegooid. Omdat de sociale cohesie in dat soort complexen vaak beperkt is en men elkaar niet hierop durft aan te spreken, ontstaat er veel ergernis. Het zijn heel verschillende werelden, die

[5] Saïd Bensellam werd in januari 2007 verkozen tot Amsterdammer van het jaar. Hij is een van de medeoprichters van Stichting Connect Initiatieven, die probleemjongeren een nieuw perspectief wil bieden.

lastig bij elkaar te krijgen zijn. Overigens zijn er ook projecten waarbij de complexbeheerder direct vanaf het begin de overlastgevers hierop heeft aangesproken. Doe je dat niet, dan heb je over een paar jaar echt grote problemen.' Baba verwijst in dit verband naar projecten waarbij Saïd Bensellam[6] buurtbeheerprojecten is gestart, samen met de corporaties: 'De kunst daarbij is om een gemeenschappelijke verantwoordelijkheid voor de buurt te organiseren. Gezamenlijk zijn de overlast gevende jongeren aangesproken en dat heeft uiteindelijk bij hen tot een mentaliteitsverandering geleid. Dat moet je echt doen, want het fysieke kan niet zonder het sociale — en andersom.'

Met adequaat beheer moet hier op worden ingesprongen, maar ook met bouwkundige ingrepen is het nodige mogelijk, zo maakt architect Jurgen van der Ploeg (FARO Architecten) duidelijk: 'Van de binnentuin bij het project Geuzentuinen hadden wij aanvankelijk een wat idealistisch en naïef beeld, dat deze als collectieve tuin gebruikt kon worden. Totdat jongelui er met een brommer dwars doorheen gingen scheuren; dan moet je ingrijpen. Hetzelfde gold voor de voortuinen die we hadden gemaakt — deze werden rommelig en dat straalde negatief af op het complex — en enkele loggia's op de begane grond, die door jongeren als hangplek werden ingepikt. Door daar in rap tempo bouwkundige wijzigingen in aan te brengen, konden we die ontwikkelingen keren. Onze opdrachtgever, woningcorporatie Het Oosten (inmiddels Stadgenoot, red.), stond daar gelukkig achter. Kinderziektes en foutjes eruit halen, daar is niets mis mee.' Volgens Van der Ploeg is het bovendien zaak om in het beheer van nieuwe complexen hier veel scherper op in te zetten: 'Goed beheer is in Nederland een onderschat iets. Maar met een goede beheerder is een wereld te winnen. We zagen dat bij het Scala-project, waar bewoners op de begane grond op hun terras werden bekogeld met steentjes. Dat gaf veel angst en ergernis. De beheerder is daar gelijk met de daders — allochtone jongetjes in dit geval — over gaan praten. En op een gegeven moment gaan de ouders hun kinderen daar zelf op aanspreken.'

Een goed ontworpen omgeving helpt daarbij wel degelijk, zo is de overtuiging van Marion Middelbeek, directeur van vestiging Zuidoost van Rochdale: 'Mensen die een bankstel buiten zetten hou je altijd. Maar die groep is kleiner in een zorgvuldig ontworpen omgeving. Een verwaarloosde omgeving leidt eerder tot dit soort gedrag. En zet er inderdaad heel goed beheer op. Niet voor niets repareert Publex dezelfde nacht nog een gevandaliseerde abri of bushokje. Daar kunnen we in de volkshuisvesting nog wel wat van leren.'

Jacques Thielen geeft aan dat Far West de handschoen inmiddels heeft opgepakt: 'Het is belangrijk dat jongeren in een complex zien dat het complex ook van hen is, dat ze trots kunnen zijn op het gebouw. Wij proberen dat te bevorderen door de jeugd een taak te geven in het beheer van het gebouw, bijvoorbeeld als portiers of in de schoonmaak. Je mag hopen dat de betrokkenheid die daaruit voortvloeit op enig moment beklijft en dat het hun eigen ding wordt.'

125

Het is in dit kader niet alleen van belang om de betrokkenheid bij de fysiek gebouwde omgeving te bevorderen, maar om ook de geschiedenis van het stadsdeel beter te belichten, zo stelt Diana Krabbendam: 'In het bevorderen van het "eigenaarschap" van de wijk kunnen de nieuwe media een belangrijke rol spelen. Zij kunnen ertoe bijdragen dat mensen de verhalen over de wijk gaan delen. Wanneer dat namelijk niet gebeurt, voelen sommige groepen zich buitengesloten. We moeten inzetten op het maken van verhalen met elkaar.'

De plint: ontmoeting tussen huis en stad

De plint is in Nieuw-West door de gekozen bebouwingstypologie — opgetilde woningen bovenop 'blinde' bergingen — van oudsher een problematisch onderdeel van het stedelijk weefsel. Op verschillende plekken is zichtbaar dat architecten van nu geworsteld hebben met het vormgeven aan de overgang tussen openbaar en privé. Een trap naar de woningentree versus geblindeerde ramen op straatniveau, om directe inkijk te voorkomen. Ogen op de straat zijn natuurlijk prima — Jane Jacobs hamerde er al op[7] — maar niet als die ogen ván de straat teveel de privacy bedreigen.

[7] In haar boek *Death and Life of Great American Cities* (1961) benadrukte Jane Jacobs het belang van 'eyes on the street' (ogen op de straat).

Over de vulling van de commerciële plinten maken sommige aanwezigen zich de nodige zorgen. Zij zien veel van de plinten leeg staan. De vraag is of er 'programma' genoeg is om die plinten te vullen en het daarmee levendig te maken op straat. Een bijkomend probleem is dat veel 'oude' plinten staan te verkommeren. De winkelruimtes op de hoeken van de woningblokken in de buurten rondom het Lambertus Zijlplein leiden bijvoorbeeld een zieltogend bestaan.

Marion Middelbeek is minder somber gestemd. Zij volgt de vernieuwing van Nieuw-West al de nodige jaren en ziet minder leegstand dan in het verleden: 'Er is veel ondernemerschap zichtbaar in de wijk. Je moet echter wel heel zorgvuldig kijken naar waar en hoe je een plint toepast. Een plint op een verkeerde plek zonder functies heeft inderdaad weinig zin.' Peter van der Gugten kan dat beamen: 'Je kunt niet zeggen dat je overal per definitie een plint moet maken. Zonder programma is dat een heilloze weg. Overigens hoeft een plint niet per se een langgerekte vorm te krijgen over een compleet blok; daar zijn ook andere oplossingen voor.'

Architect Jurgen van der Ploeg benadrukt dat het onderbrengen van woonfuncties in de plint niet onderschat moet worden: 'Wij hebben bij het project Scala wonen teruggebracht op de begane grond en dat voegt best iets toe. Bij het project Geuzentuinen hebben we ervoor gekozen om zoveel mogelijk voordeuren aan de straat te maken; dat voelt toch anders als je erlangs loopt dan wanneer je langs zo'n bergingenstrook loopt. Een verbod op bergingen op de begane grond lijkt mij dan ook een goede zaak.'

Bij de vernieuwing van de Kolenkitbuurt is voor de gehele buurt een 'margezone' tussen woning en stoep voorgesteld, aldus Far West-gebiedsontwikkelaar Niels Raat: 'Dat is een zone die iets meer privacy biedt, maar waarbij de ogen van de bewoners wel degelijk op de stoep gericht zijn. We hopen daarmee te voorkomen dat mensen hun ramen afplakken en het hele effect van wonen op de begane grond verloren gaat.'

Dat de mode in ontwikkel- en ontwerpland hier niet geheel kan worden ontlopen, blijkt uit de woorden van Far West-directeur Jacques Thielen: 'In navolging van het rapport van Winsemius[8] hebben we volop de aandacht op dit thema gericht. We hebben bijvoorbeeld het project "We pakken de buurt beet" opgestart. Daarna zijn er allerlei oplossingen toegepast: gehele afsluiting, stoepjes, deuren die direct op de stoep uitkomen en nu weer de *encroachment* zone. Daar zit een bepaalde golfbeweging achter. De rode draad erin is dat mensen best bij de wijk willen horen, maar toch ook een stukje voor zichzelf willen hebben. Daar moeten we rekening mee houden.'

Meer of juist minder slopen

Op de overgang van Geuzenveld-Slotermeer naar Osdorp krijgt de wijkvernieuwing op uiteenlopende manieren vorm. Naast restauratie van woningcomplexen, zoals de Dudokhaken die worden gerenoveerd en opgetopt met een extra woonverdieping, vindt er nieuwbouw plaats in verschillende soorten en maten. Rondom het Lambertus Zijlplein wordt de stedelijke verdichtingsoperatie zichtbaar die voor heel Nieuw-West is ingezet.

Architectuurhistoricus Vincent van Rossem, werkzaam bij het bureau Monumenten & Archeologie en tevens parttime hoogleraar aan de UvA, vindt dat er te snel voor afbraak wordt gekozen. Van Rossem promoveerde met een proefschrift over het AUP van Cornelis van Eesteren en ziet de sloop van woningen en andere gebouwen in Nieuw-West met lede ogen aan. De AUP-kenner vindt dat er in een aantal gevallen te snel naar de slopershamer is gegrepen.[9] Dat levert soms ook pijnlijke incidenten op, zoals bij sloop van de Pius-X kerk van een team architecten van de Bossche School, onder wie Jan van der Laan. Deze kerk kwam terecht op de gemeentelijke lijst van honderd monumenten uit de wederopbouwtijd. Vlak nadat die lijst bekend werd, is de kerk gesloopt — een besluit van het bisdom dat tot heftige reacties bij wederopbouwliefhebbers leidde. Daarnaast ontbreekt het volgens hem aan heldere keuzes over welke gebieden nu wel of niet worden aangepakt: 'De grenzen

Het rapport Winsemius heet voluit *Vertrouwen in de buurt* en werd uitgebracht door de WRR in 2005. Het rapport biedt inzicht in de manier waarop burgers, door versterking van kleinschalige verbanden, effectief kunnen bijdragen aan de leefbaarheid van hun buurt.

In december 2006 verwoordde Van Rossem deze zorg in een uitgebreid interview in *Het Parool*. Hij laakte daarbij onder meer de 'sloopwoede' bij de woningcorporaties.

tussen de vernieuwingsgebieden en wat er nog niet wordt aangepakt zijn niet helder getrokken, waardoor soms rare restgebiedjes overblijven. Daarnaast levert het harde contrast tussen oud en nieuw nu soms de vraag bij mensen in de oudbouw op wanneer hun complexen nu eens gemoderniseerd worden.'

Architect Coen Kamstra van FARO Architecten wijst op de kans dat veel nieuwbouw een 'aanjagend' effect op de sloop kan hebben: 'Juist door de smetteloze nieuwbouw staat de oudbouw er op veel plekken slecht en onaantrekkelijk bij. Sterker nog, het staat te wachten om aangepakt te worden. Het lijkt de noodzaak te benadrukken om nu met de fysieke vernieuwing dóór te pakken.' Moustapha Baba onderschrijft deze waarneming: 'Er lijken twee werelden in de wijk te ontstaan: de wereld van de nieuwbouw en de wereld van de oudbouw. Dat wordt nog eens versterkt doordat de nieuwbouw soms de menselijke maat ontbeert.' Albert Heijn-supermarktmanager Harold Stolwijk: 'Op veel plekken is de wijk bijna af, maar nergens is het helemaal echt af. Daar komt bij dat de kwaliteit van de publieke ruimte op veel plaatsen sleets is. Dat steekt erg af tegen de nieuwe complexen, die zich bovendien met hun geprivatiseerde binnenruimte afsluiten van de omgeving. Ik begrijp dat dit de bewoners privacy biedt, maar het is wel jammer.'

Vol bouwen of juist leeg laten

Bij de Sloterplas in Osdorp, rondom Meer en Vaart, worden de gevolgen van de keuze voor verdichting eveneens goed zichtbaar. Het gesloten bouwblok waar Van Eesteren zo tegen ageerde (omdat het veel onbruikbare hoekwoningen opleverde) is hier weer van stal gehaald. In de omgeving is ook relatief veel hoogbouw te vinden, een element dat in de oorspronkelijke plannen van Van Eesteren niet zo prominent aanwezig was.

Wanneer Diana Krabbendam van The Beach deze en andere vernieuwingsgebieden overziet, valt haar op dat de openbare ruimte niet alleen sleets is, maar ook dat er weinig ontmoetingsplekken zijn: 'De Meervaart is een van de weinige plekken waar mensen elkaar rondom cultuur kunnen ontmoeten. Juist de sleetse, open plekken kun je naar mijn idee daar heel goed voor gebruiken. Zet de "rafelranden" die er nu dus zijn niet af met hekken — in afwachting van hun nieuwe bebouwing — maar gebruik ze om er bijvoorbeeld tijdelijke manifestaties of culturele projecten op te organiseren. Niet alles hoeft er voor altijd te zijn of te worden geïnstitutionaliseerd.' De praktijk van de afgelopen jaren wijst uit dat deze lijn in Nieuw-West inmiddels volop is ingezet, getuige de organisatie van diverse festivals, maar ook bijvoorbeeld van enkele schoolprojecten.[10]

[10] Een goed voorbeeld is het project 'Face your world', waarbij jongeren en wijkbewoners de taak van stedelijk ontwerper op zich nemen. Met behulp van software maken ze samen met Jeanne van Heeswijk, Dennis Kaspori en de ontwerpafdeling van het stadsdeel Slotervaart een nieuw ontwerp voor het nog aan te leggen 'Staalmanpark'.

De gaten die er her en der in het stadsdeel vallen, ziet Krabbendam in dit verband vooral als kansen: 'Nieuw-West doet me wat dat betreft sterk aan Berlijn denken; ook een stad waar veel ruimte is en waar door kunstenaars en andere creatieven gebruik van kan worden gemaakt. Dat is een kwaliteit die hier nog meer kan worden benut. We kijken nu nog veel te functioneel naar dit gebied, zo van: hoeveel woningen moeten er worden gebouwd. In plaats daarvan moet het veel meer gaan over hoe je door een bepaalde plek kunt worden geïnspireerd.'

Anderen wijzen erop dat tevéél openbare ruimte ook weer niet werkt. Van Eesteren en de zijnen pleitten voor losstaande objecten in de openbare ruimte, maar dat werkt volgens critici niet. In plaats daarvan kan de openbare ruimte beter worden beperkt en echt goed worden ingericht, dan wordt het veel beter gebruikt. Volgens Ankie Verlaan maken de maatschappelijke ontwikkelingen van nu dit ook noodzakelijk: 'Ik begrijp de nostalgie naar Van Eesteren niet zo goed. We moeten beseffen dat deze wijken gebouwd zijn in een tijd waarin de vrouwen veel meer thuis waren en er veel meer sociale controle en maatschappelijk toezicht was. Anno 2010 is die situatie heel anders. Mensen willen best buiten zitten, maar dan wel op een eigen terrasje, drie treden boven de stoep. En gebruik die open plekken om bijvoorbeeld Cruyffcourts op veel betere plekken aan te leggen. Doe meer in die grote groene ruimte!'

Met weinig ingrepen is echter al veel te doen, zo blijft de overtuiging van Diana Krabbendam. Zij wijst zelf in dit verband op een project in de Lodewijk van Deysselstraat, ontwikkeld op initiatief van het Stedelijk Museum en uitgevoerd door kunstenaarscollectief 'Wilde Westen', waarbij bewoners zelf groenten mogen verbouwen in de openbare ruimte die is omgebouwd tot tuinen. 'Die groenten worden gekookt in een aangrenzend hoekpandje (door Far West om niet ter beschikking gesteld, red.) en daar wordt ook gezamenlijk gegeten. En zo ontstaat de ontmoeting. Het is een eerste stapje in een beweging van de "stadslandbouw" die op veel meer plaatsen nu zichtbaar wordt. Het begin is er, maar je zou dit nog veel groter kunnen aanpakken.'

Een plek die de komende jaren eveneens als ontmoetingspunt wordt ingericht, is gelegen aan de overkant van de Sloterplas. Het café Oostoever — prachtig gelegen, maar ten onrechte totaal onbekend in de stad — wordt ontwikkeld tot multifunctionele horeca. Het plan van projectontwikkelaar Heren2 met architect Tom Bergevoet, is verkozen door stadsdeel Geuzenveld-Slotermeer om op deze plek ontwikkeld te worden. Het bestaande uitkijkterras en de kiosk op deze locatie worden in oude staat hersteld en onderdeel van het nieuwe geheel. Het zijn tekenen dat de Sloterplas en het omringende groen stedelijker gebruikt zullen worden. Nu blijft de bebouwing op veel plekken ver weg van het water, maar daar kan best verandering in komen. De functie van het park is nu alleen nog bekend bij stadsdeelbewoners. Er wordt gesport — het bekende 'rondje Sloterplas' — en veel allochtone bewoners barbecuen er met mooi weer, en met verschillende activiteiten zoals het Sloterplasfestival en het West Beach

129

Filmfestival wordt geprobeerd om deze plek meer 'op de kaart' te zetten. En om daarmee ook bezoekers uit Groot-Amsterdam naar de plas te lokken. Het is een ontwikkeling waar Moustapha Baba nadrukkelijk op wijst: 'Ga op zaterdag bij de Sloterplas kijken en je zult zien dat de oevers en het park heel intensief worden gebruikt. De openbare ruimte is daar echter niet op ingericht, dus daar moet nog een slag in worden gemaakt.' Tarik Yousif vult aan: 'Het groen in Nieuw-West is mooi, maar tegelijkertijd is het van niemand. Probeer het daarom doelgroepgericht te ontwikkelen: tienergroen, vrouwengroen. Daarmee kweek je een gevoel van eigendom en betrokkenheid.'

In het aanpakken van de openbare ruimte moet ervoor worden gewaakt alles van bovenaf te willen bepalen, zo geeft wethouder Freek Ossel aan: 'Betrek de mensen er zelf bij en zie dat niet als een verstoring van het planproces. Verdiep je in wat bewoners willen en probeer niet alles van tevoren te weten.'

De sociale en economische investeringen: zin of onzin

Bij wijkvernieuwing gaat het, ook in Nieuw-West, om meer dan alleen fysiek-ruimtelijke investeringen. De sociale, culturele en economische 'pijlers' van de vernieuwing moeten evenzeer worden gevuld met inspirerende projecten, die de bewoners op weg helpen en hen laten 'stijgen' in de stad. Het zijn projecten die bij een tocht door de wijk wat meer verborgen zijn dan de fysieke projecten, maar die net zo goed bijdragen aan de nieuwe toekomst van het stadsdeel. Een bijzonder project is bijvoorbeeld de voormalige Notweg-garage in de Wildemanbuurt, die hard op weg is een creatieve hotspot te worden, met onder meer de vestiging van het eerder genoemde Pal West-initiatief.

Een andere functie die schoorvoetend de laatste jaren meer ruimte krijgt (naast het wonen en het werken/leren), is die van sport. Dat kan in de vorm zijn van een 'negen tot negen'-plein zoals bij schoolgebouw De Kikker (architect Liesbeth van der Pol/dok architecten), maar ook als Johan Cruyff-court. Aan de Wolbrantskerkweg is daar een exemplaar van opgeleverd, hoewel deze volgens sommigen wel erg is weggestopt.

Over de kwaliteit van de scholen zelf — eveneens een belangrijk onderdeel van de sociale pijler — zegt voormalig ROC- en UvA-bestuurslid Ankie Verlaan dat de meeste scholen er nog steeds 'belabberd' bij staan: 'De Kikker is een mooie nieuwe school en dat geldt ook voor het nieuwe Caland Lyceum en de islamitische school El Amien in Osdorp (een ontwerp van Frencken Scholl Architecten, red.), maar verder is er nog nauwelijks iets met de schoolgebouwen gebeurd. Dat stemt mij verdrietig.'

Dat een goede school in een buurt wel degelijk het verschil kan maken, bewijst de nieuwe basisschool 't Koggeschip die enkele jaren geleden in Geuzenveld-Slotermeer in gebruik is genomen, naar een ontwerp van GSG Architecten. Deze heeft een belangrijke rol gespeeld in de stedelijke vernieuwing.[11] De school is door haar brede concept een toevoeging voor de buurt zelf en laat zien dat stedelijke vernieuwing meer was dan het bouwen voor de stedelijke middenklasse.

Naast deze tastbare investeringen in de sociaaleconomische pijler zijn er in Nieuw-West tal van projecten die tot doel hebben om de leefbaarheid in en om de woningcomplexen te verbeteren. En passant wordt geprobeerd de betrokkenheid bij buurt en wijk en de sociale 'cohesie' te vergroten. Ook corporaties dragen hier actief hun steentje aan bij. Een voorbeeld is het project van Tarik Yousif[12], die met kinderen uit het voorgezet onderwijs werkt aan een project waarbij de kinderen zelf hun eigen buurt mogen ontwerpen. Ondersteund met kennis van de TU Delft is onder meer de Jacob Geelbuurt onder handen genomen. Yousif is enthousiast over het proces en de resultaten: 'Kinderen van zestien en zeventien jaar kijken heel onbevangen naar hun omgeving en komen met onverwachte voorstellen om hun buurt te verbeteren.'

Onder beleidsmakers bestaat geen eenstemmigheid over de gevolgen van deze investeringen in leefbaarheid. Het rapport 'De baat op straat', uitgevoerd door SEO Economisch Onderzoek, verwijst de zo gewenste leefbaarheidseffecten naar het rijk der fabelen, maar andere onderzoekers beweren het tegendeel. Consultant Bastiaan Staffhorst van Berenschot, zelf in de wijk gevestigd in de Beehive-broedplaats, veegt op zijn beurt de vloer aan met het SEO-onderzoek: 'Wij hebben zelf onderzoek gedaan in veertig wijken en daar komt een heel ander, veel minder cynisch beeld uit naar voren. Een beeld waar je nooit over hoort of leest in de media. Er blijkt bijvoorbeeld dat er allerlei nieuwe verbindingen worden gelegd; tussen banken en scholen en tussen ziekenhuizen en corporaties bijvoorbeeld. Op die nieuwe verbindingen zit enorm veel energie. We hebben in de wijken ruim tweehonderd van dergelijke verhalen opgetekend en het zijn stuk voor stuk briljantjes.'

Volgens wethouder Freek Ossel bewijst de praktijk van Nieuw-West hoe lastig het is om de verschillende sporen in de stedelijke vernieuwing goed aan te laten sluiten: 'Sport, empowerment, onderwijs, nieuwbouw van woningen: het is niet eenvoudig om daar de dwarsverbanden tussen aan te leggen. Mensen laten zich nu eenmaal ook lastig regisseren en je kunt dit soort zaken niet van bovenaf opleggen. Wat mij wel duidelijk is geworden, is dat de software van Nieuw-West de komende jaren meer aandacht moet krijgen, naast de operatie die bij de hardware al volop gaande is. We hebben mensen nodig die de mogelijkheden van

[11] 'Wonen in het grote plaatje, De stedelijke vernieuwing werkt, langzaam maar zeker.' Tom Kreling en Bernard Hulsman in NRC Handelsblad, 9 augustus 2008.

[12] Havo 4 en vwo 5 leerlingen van het Comenius lyceum ontwerpen onder leiding van Creative Urbans een stedenbouwkundig plan voor hun eigen buurt. Voor dit project werkt Creative Urbans samen met woningcorporatie de Alliantie en stadsdeel Slotervaart.

dit gebied zien en willen investeren in projecten die de sociaaleconomische kracht versterken. Mensen ook met optimisme en een lange adem, want dat het hier om een langetermijnproces gaat is duidelijk. We zijn er nog lang niet.' Ossel wijst erop dat het SEO-onderzoek zich op de macroschaal richt en het onderzoek van Staffhorst veel meer de microkant van de stedelijke vernieuwing belicht: 'Op de een of andere manier komen die schalen nog niet bij elkaar. Mijn overtuiging is dat op de lange duur de effecten van de inspanningen zichtbaar worden, maar ze zijn nu nog niet te meten. De stedelijke vernieuwing gaat eraan bijdragen dat mensen in dit gebied willen blijven c.q. hiernaar toe willen komen.'

Volgens Proper-Stok-ontwikkelaar Peter van der Gugten is het duidelijk dat Nieuw-West zich in een transitie bevindt die niet van de ene op de andere dag is afgerond: 'Dit gebied staat in het teken van een ombouw van een stempelwijk naar een stadswijk. Dat is behoorlijk ingewikkeld. Mijn ervaring is dat de verschillende sporen elkaar wel degelijk kunnen beïnvloeden. Wanneer je een gebied stedenbouwkundig goed inricht, kun je ook de sociaaleconomische ontwikkeling positief beïnvloeden. Niet een-op-een, in de zin dat goede stedenbouw mensen aan het werk helpt, maar wel om het vertrouwen in de wijk te herstellen en positief gestemde mensen aan de wijk te binden. Ik heb dat bij Spangen in Rotterdam gezien en iets dergelijks hebben we voor met Nieuw-Crooswijk. Daar bouwen we bijvoorbeeld bewust eerst een goede brede school, om daarna pas met de bouw van de woningen te beginnen.' In andere wijken is Van der Gugten ook bezig met het leggen van de nieuwe verbindingen die door Staffhorst worden aangehaald: 'Hier in Nieuw-West knoopt het Andreas Ziekenhuis bijvoorbeeld banden aan met een hotel en in Kanaleneiland Utrecht trekken het ROC, de Rabobank en horeca samen op. Dat biedt allerlei nieuwe perspectieven voor de mensen in de wijk, maar ook voor instromers van buiten.'

Wat wordt er gebouwd en voor wie?

Rondom de Pieter Calandlaan en Baden Powelllaan hebben groen en de oorspronkelijke laagbouw plaats gemaakt voor forse gestapelde nieuwbouw. 'Dit voelt aan als de centrale laan op IJburg,' zo wordt gezegd. Ook langs het Stadspark Osdorp is gekozen voor hogere bebouwing, in de vorm van De Wachters van architect Endry van Velzen (De Nijl Architecten). Het project van architectenbureau OD205 op de hoek van de Pieter Calandlaan en de Baden Powellweg heeft de bijnaam 'De Vlaflip' gekregen. Wiel Arets realiseerde even verderop vier blakend witte appartementengebouwen, die nog het dichtst in de buurt blijven van het gedachtegoed van Van Eesteren: *freischwebende* hoogbouw in het groen.

De forse bebouwing die in dit deel van Nieuw-West wordt gerealiseerd, is voor architect Jurgen van der Ploeg aanleiding om te concluderen dat de 'troefkaart van het groen' te weinig wordt uitgespeeld. Het groene karakter van de tuinsteden wordt naar zijn idee onvoldoende ingezet in de nieuwe plannen: 'Wanneer wordt gezegd dat het hier op IJburg lijkt, hebben we het niet goed gedaan. Dan zijn de verkeerde keuzes gemaakt. Dit moet juist de nieuwe tuinstad zijn. Je woont hier in het landschap, als het goed is. Dat is een heel andere beleving dan de negentiende-eeuwse stad of pakweg de Vinex.'

Peter van der Gugten maakt een vergelijkbare opmerking over het woningbouwprogramma van Nieuw-West: 'Wanneer in Nieuw-West volmondig een keuze voor grondgebonden wonen zou worden gemaakt, haalt de wijk andere mensen naar zich toe dan nu gebeurt. Daarnaast helpt het mee om de segregatie te voorkomen. Het gevaar is namelijk dat de segregatie die eerst in termen van huidskleur werd geformuleerd, nu via de lijnen van sociaaleconomische positie gaat lopen. We zien dat in deze wijken zich een nieuwe middenklasse ontwikkeld: het is zaak om hen voor de wijk te behouden. Anders verkassen ze naar Almere. De appartementen zonder buitenruimte die nu worden gebouwd zijn niet bedoeld voor sociale stijgers in de wijk of voor pioniers. Ik zie dat in Rotterdam ook gebeuren: jonge mensen gaan op een gegeven moment gewoon weg omdat het goede woningaanbod ontbreekt. Gelukkig heeft de gemeente Rotterdam dat nu ingezien en zet men in het woningbouwprogramma veel meer in op aantrekkelijke laagbouw.'

Jacques Thielen (Far West) brengt hier tegenin dat in Nieuw-West voor meerdere doelgroepen wordt gebouwd, hetgeen het lastig maakt voor één bepaald woonproduct te kiezen. 'Wij zien dat de meeste kopers van onze projecten al lang in de wijk woonden. Zij waren dolgelukkig dat er eindelijk aanbod voor hen in de wijk werd gerealiseerd. Maar daarnaast hebben we te maken met spijtoptanten, die terug willen keren uit bijvoorbeeld de groeikernen. Dan kun je niet volstaan met één soort aanbod.'

Far West-hoofd communicatie Radboud van der Linden vult aan: 'In de praktijk is zichtbaar dat sommige mensen bewust voor Osdorp kiezen, omdat daar stedelijker en hoger wordt gebouwd. Anderen kiezen juist voor Geuzenveld, omdat dat een landelijker sfeer heeft. Dergelijke ontwikkelingen zou je alleen wel verder kunnen aanzetten, door het profiel van de nieuwe projecten hier sterker op te enten.'

De woningbouwers kunnen daarbij wel het nodige leren van bijvoorbeeld de detailhandel, aldus Albert Heijn-winkelmanager Harold Stolwijk: 'Wij passen de branchering en het assortiment van onze winkels aan op de ontwikkeling van de bevolking. Dit is natuurlijk niet van de ene op de andere dag geregeld, maar we proberen wel goed in het oog te houden wie er in de wijk wonen en wat hun wensen zijn.' De winkelmanager vindt het daarbij opvallend dat de jonge mensen in de wijk over het algemeen tevreden zijn, maar dat vooral de autochtone

133

bevolking soms enorm klaagt. Het zijn de bewoners van het eerste uur, die weinig op hebben met de vernieuwing en zien dat de oorspronkelijke kwaliteit van de wijk — het vele groen — steeds meer wordt aangetast.'

Het is een schisma dat Tarik Yousif herkent: 'Het klagen begint op het moment dat besloten wordt om de nieuwbouw vooral te richten op mensen van buiten. Dat geeft een spanning met de mensen die er al lang wonen en de historie van de wijk kennen. De opgave is in dit soort wijken daarom tweeledig: de geschiedenis behouden, maar ook ruimte geven voor het nieuwe.'

De grote variatie in stedenbouw architectuur: vloek of zegen

De route eindigt bij het Jatopa-complex dat grenst aan vliegfabriek De Huygens; de cirkel is weer rond. De architecten (Köther en Salman) hebben het forse bouwblok geparcelleerd naar grachtenpandenmodel en naar een ontwerp van Studio Job is de gevel rijk gedecoreerd.

Van Eesteren-kenner Vincent van Rossem wordt er niet vrolijker van: 'Ik vind dat er een enorm rommelig beeld aan het ontstaan is, door het gebruik van allerlei verschillende typologieën en architectuur. Van de (voormalige) Westelijke Tuinsteden werd wel gezegd dat ze saai en eenvormig waren, maar ik denk dat je dat ook als een kwaliteit kunt betitelen. Er treden bovendien forse schaalsprongen op.'

134

Van Rossems klacht tegen de grote architectonische variatie en het gebrek aan samenhang krijgt bijval van ontwikkelaar Peter van der Gugten: 'Er gebeurt enorm veel in Nieuw-West. Het is een echte bouwput. En dan te bedenken dat we hier te maken hebben met een gebied dat net zo groot is als een middelgrote stad van Nederland met 130.000 inwoners. Dat is het dubbele van steden als Schiedam en Vlaardingen of zo groot als 's-Hertogenbosch. Moet je je voorstellen dat in zo'n stad op zoveel plekken tegelijkertijd wordt gebouwd, dat is ongelooflijk.' Dat geconstateerd hebbende, vindt Van der Gugten echter dat er weinig lijn in de projecten is te ontdekken: 'Bij een gebied als dit moet je je afvragen: wat is je gemeenschappelijke identiteit en waar ga je voor? Waar wil je naar toe? Wil je naar een gewone stadswijk toe met straten, of wil je naar een landschappelijke typologie toe met losse gebouwen? Misschien komt dat wel door de stedenbouw van Van Eesteren, waardoor je snel geneigd bent om per "plot" steeds iets nieuws te doen. Het zijn geen stadswijken, waarin je je veel meer voegt naar wat er al is. Ik vraag me af wat de leidraad kan zijn om op zo'n grote schaal aan stadsvernieuwing te doen; met wat voor soort plan pak je die vernieuwing aan en hoe stuur je op samenhang en identiteit?' Op deze fundamentele vraag hebben we nog geen antwoord, zo stelt Van der Gugten: 'Na de jaren waarin we — à la Barcelona — vooral grote stadsblokken hebben gemaakt, hinken we nu op twee gedachten.'

Ook op het punt van de woonfunctie in de plint ziet Van der Gugten dat er nu allerlei verschillende oplossingen worden toegepast. 'Daar wreekt zich de aanpak per plot, waarbij de keuze wordt overgelaten aan de betrokken opdrachtgever en architect. Daardoor ontstaat een soort willekeur en een rommelige stedenbouwkundige structuur.'

Gebiedsontwikkelaar Niels Raat van Far West benadrukt dat de grote verschillen tussen de vernieuwingsgebieden juist vooraf expliciet als uitgangspunt zijn benoemd: 'Onze inzet was om gebieden te maken met een eigen identiteit.' Zijn collega en hoofd communicatie Radboud van der Linden vindt de differentiatie daarentegen nog niet ver genoeg gaan: 'Ik heb voorafgaand aan deze discussie zo'n tachtig gerealiseerde projecten de revue laten passeren en ik vind ze toch erg op elkaar lijken, uitzonderingen daargelaten.' Rochdale-vestigingsdirecteur Marion Middelbeek is evenmin voorstander van een 'overall'-stedenbouwkundig vocabulaire voor heel Nieuw-West: 'Ik zou de keuze voor één typologie voor zo'n groot gebied eerder een zwaktebod vinden. Kijk naar al die verschillende projecten en je ziet de modes erin terugkomen. Hekken zijn nu in de mode, maar dat verdwijnt wel weer een keer. Projecten waar aanvankelijk geen buitenruimtes in werden gemaakt, kregen die in de laatste fase uiteindelijk wel. Gewoon omdat de markt een woning zonder goede buitenruimte niet meer accepteerde. Ik vind die verschillen niet zo erg. Het gaat erom dat je per plek kijkt wat daar kan en mogelijk is.'

Resumé: een stadsdeel in ontwikkeling

Ruim een halve eeuw nadat de Westelijke Tuinsteden werden gebouwd, is de stedelijke vernieuwingsoperatie hier in volle gang. Wie zoals het genoemde gezelschap van beleids-makers, ontwerpers, bestuurders, ontwikkelaars en lokaal betrokkenen in een compact tijdsbestek het stadsdeel aanschouwt, ziet dat er op vele plekken getimmerd wordt. Bovenop de zichtbare 'fysieke' projecten blijkt er inmiddels ook op sociaaleconomisch en cultureel gebied veel te gebeuren in Nieuw-West. Een stadsdeel waar de gebiedsgewijze vernieuwing nu een decennium aan de gang is en voorlopig nog wel even door zal gaan. Dat de gekozen aanpak daarbij een onderwerp van discussie zal blijven, lijkt een ding dat zeker is. Net zo goed als de vernieuwing van de stad door gaat en geen eindpunt kent, zo blijft zich het denken ontwikkelen over de manier waarop deze vernieuwing het beste kan worden ingericht. Tien jaar geleden hadden weinigen bijvoorbeeld gehoord van 'organische wijkvernieuwing'. Anno 2010 is dat een begrip dat terugkomt in het vakdebat, maar daar wellicht over een aantal jaren weer uit is verdwenen.

De excursie en het aansluitende debat vormen een tijdsbeeld. De algehele stemming daarbij is er één van gematigd optimisme. De deelnemers aan het debat schuiven de problemen in Nieuw-West niet aan de kant, maar benadrukken zeker ook de kansen die dit deel van de 'Metropool Amsterdam' biedt. Een gebied waar mensen zich mee verbonden voelen en waar zij graag willen wonen, werken en verblijven. Allerlei initiatieven zijn gaande om dat Nieuw-West-gevoel verder te versterken. Een gevoel van trots en eigenwaarde: niet alleen voor de bewoners zelf, maar ook voor mensen die dit stadsdeel bezoeken. In de komende jaren moet die attractiviteit verder worden versterkt. Via de fysiekruimtelijke lijn, maar net zo goed via bijvoorbeeld tijdelijke manifestaties. Waarom zou de Uitmarkt van 2012 bijvoorbeeld niet rondom de Sloterplas georganiseerd kunnen worden? Op dat moment komt deze plek in de stad op een andere manier in het licht te staan en wordt er anders tegen Nieuw-West aangekeken. Het oude beeld van 'eindeloze straten met portiekflats' wordt dan vervangen door een veel gevarieerder beeld.

Deelnemers aan het debat

Moustapha Baba,
partner Mexit

Christa Brinkhuis,
directeur Koers Nieuw-West

Peter van der Gugten,
algemeen directeur Proper-Stok Groep

Pieter Hilhorst,
journalist de Volkskrant en debatleider

Coen Kamstra,
architect FARO Architecten

Diana Krabbendam,
partner The Beach Foundation

Radboud van der Linden,
hoofd communicatie Far West

Marion Middelbeek,
directeur Rochdale vestiging Zuidoost

Freek Ossel,
wethouder gemeente Amsterdam (met onder meer
Grote Stedenbeleid, Wijkaanpak en Koers Nieuw-West
in zijn portefeuille)

Jurgen van der Ploeg,
architect FARO Architecten

Niels Raat,
gebiedsontwikkelaar Far West

Vincent van Rossem,
architectuurhistoricus Bureau Monumenten & Archeologie
gemeente Amsterdam

Bastiaan Staffhorst,
consultant Berenschot

Harold Stolwijk,
supermarktmanager Albert Heijn (filiaal Plein '40-'45)

Jacques Thielen,
directeur Far West

Ankie Verlaan,
voormalig bestuurder ROC Amsterdam en
Universiteit van Amsterdam

Tarik Yousif,
directeur Creative Urbans

Register
van architectenbureaus
en gebouwen

Het nummer bij de voor deze uitgave gefotografeerde gebouwen correspondeert met de plattegrond op de binnenzijde van het omslag. De foto's zijn voorzien van de locatie en, voor zover bekend, de architect.

26-27 **1** Cromme Camp, Osdorp, jaren zestig 20ste eeuw

28-29 **2** Ewoud Worststraat in de Eendrachtsbuurt in Geuzenveld.
Architect: Ben Merkelbach, 1956

30-31 **3** Johannes Poststraat, Airey-flats in Slotermeer. Architect: J. Berghoef, 1952
4 Lodewijk van Deysselstraat, Slotermeer, 1959-1960

32-33 **5** De Savornin Lohmanstraat, Van Tijenbuurt in Geuzenveld.
Architect: Willem van Tijen, 1957

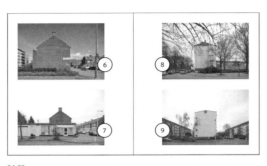

34-35 **6** De Savornin Lohmanstraat/Bartholt Enthesstraat in de Wegener Sleeswijk-
buurt in Geuzenveld. Architect: C. Wegener Sleeswijk, 1959 **7** Bartholt Enthesstraat/
Jan Abelszstraat in de Wegener Sleeswijkbuurt in Geuzenveld. Architect: C. Wegener
Sleeswijk, 1959 **8** Botteskerksingel, Osdorp **9** De Savornin Lohmanstraat/Bart van
Hovestraat, Van Tijenbuurt in Geuzenveld. Architect: Willem van Tijen, 1957

36-37 **10** Lodewijk van Deysselstraat, Slotermeer, 1959-1960

38-39 **11** Elisabeth Boddaertstraat, Slotervaart **12** Johan van Kuyckstraat,
Bakemabuurt in Geuzenveld. Architect: J.B. Bakema, 1957 **13** William Boothstraat,
Slotervaart

40-41 **14** Airey-woningen in de Reina Prinsen Geerligsstraat in Slotermeer
15 Lucaskerk, Reimerswaalstraat in Osdorp. Architect: Taen en Nix, 1964

42-43 **16** Einsteinweg in Bos en Lommer. Leeuw van Vlaanderen.
Architect: Heren 5, 2006

44-45 **17** Noordzijde in het Noorderhof in Osdorp.
Architect: Rob Krier en anderen, 1999

46-47 **18** Postjesweg in Slotervaart. Het Atelier (in aanbouw).
Architect: Vera Yanovshtchinsky, 2009 **19** Maassluisstraat in Slotervaart.
Noordstrook (in aanbouw). Architecten: Snitker/Borst architecten (voorgrond),
ANA (midden) en Dick van Gameren architecten (achtergrond), 2006-2009

48/49 **20** Plein '40-'45 in Geuzenveld. Winkelcentrum '40-'45.
Architect: OIII Architecten 2001 **21** Jan de Jonghkade in Geuzenveld.
Woningen (samen met winkelcentrum '40-'45). Architect: OIII Architecten, 2001
22 Plein '40-'45 in Geuzenveld. Vrijheidscarillon, ontwerp D. Slebos, 1961

Nieuw Nieuw-West

50-51 **23** Lambertus Zijlplein in Geuzenveld. Op de achtergrond: Nieuwpeil.
Architect: Meyer en Van Schooten Architects, 2006

52-53 **24** Nicolaas Ruychaverstraat in de Wegener Sleeswijkbuurt in Geuzenveld.
Architect: C. Wegener Sleeswijk, 1959 **25** Burgemeester Röellstraat in Geuzenveld.
Nieuwpeil (midden). Architect: Meyer en Van Schooten Architects, 2006

54-55 **26** Overzicht van het oude Osdorp vanaf de Osdorper Ban

56-57 **27** Baden Powellweg in Osdorp. Nieuw Zeeland (in aanbouw).
Architect: Dick van Gameren architecten, 2010

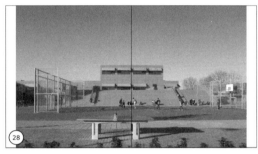

58-59 **28** Evertsweertplantsoen in Osdorp. Brede school De Kikker.
Architect: Liesbeth van der Pol/dok architecten, 2006

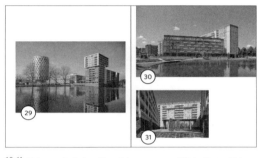

60-61 **29** Oeverpad in Osdorp. V.l.n.r.: Schutterstoren van DKV Architecten, Het
Bastion van Dam en partners architecten en Het Waterfort van KOW Architecten,
2006/2007 **30-31** Oeverpad in Osdorp. Het Bastion van Dam en partners
architecten, 2007

141

62-63 **32** Dudok de Withof in Geuzenveld. Het Kwadrant.
Architect: buroBEB, 2007

64-65 **33** Clauskindereweg in Osdorp. Vernieuwing van oude blokken.
34 Wolbrantskerkweg in Osdorp. Parkrand Osdorp. Architect: De Nijl Architecten,
2005

66-67 **35-37** Osdorper Ban in Osdorp. De Stadstuinen.
Architect: DP6 architectuurstudio, 2007

68-69 **38** Baden Powellweg in Osdorp. Op de voorgrond waar Nieuw Zeeland moet
verrijzen. Architect: Dick van Gameren architecten, 2010

70-71 **39-40** Henri Dunantstraat in Slotervaart.
Architect: Architectenbureau Hoogeveen

72-73 **41** De Savornin Lohmanstraat in Geuzenveld. Blokken in de Van Tijenbuurt.
Architect: W. van Tijen, 1958

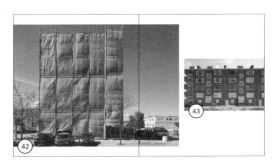

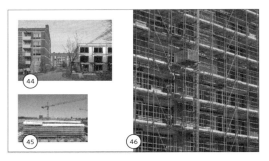

74-75 **42** Nolensstraat in de Dudokbuurt in Geuzenveld. Renovatie Dudokhaken. Architect: W.M. Dudok, 1957 **43** Descartesstraat in Geuzenveld

76-77 **44-45** Postjesweg/Jan Mankesstraat in Slotervaart. Het Atelier. Architect: Vera Yanovshtchinsky, 2009. Renovatie: KAW architecten en adviseurs **46** Delflandlaan in Slotervaart

78-79 **47** Pieter Calandlaan in Osdorp. Links: Hof van Osdorp. Architect: Claus en Kaan Architecten, 2006. Rechts: Hartenlust. Architect: DKV Architecten, 2008

80-81 **48** Pieter Calandlaan in Osdorp. Hof van Osdorp. Architect: Claus en Kaan Architecten, 2006. **49** Jan van Zutphenstraat in Osdorp. Een van de vier woontorens van Wiel Arets Architecten, 2007

82-83 **50** Bart Poesiatstraat in Osdorp. V.l.n.r.: Hartenlust (DKV, 2008), Hartenlust (Atelier Kempe Thill, 2007) en woontorens (Wiel Arets Architecten, 2007)

84-85 **51** Rijswijkstraat in Slotervaart. Vernieuwing Delflandplein-Staalmanpleinbuurt. Architect: Dick van Gameren architecten, 2009 **52** Karel Klinkenbergstraat in Slotervaart. Jatopacomplex (in aanbouw). Architect: Köther Salman Koedijk Architecten, 2009

86-87 **53** A-10 ter hoogte van Jan van Galenstraat. De Tribune (in aanbouw). Architect: Claus en Kaan Architecten, 2010. **54** Bos en Lommerweg in Bos en Lommer. Rechts: blokken van architectenbureau Evers en Sarlemijn, jaren vijftig. Renovatie: VillaNova architecten.

88-89 **55** Leeuwendalersweg in de Kolenkitbuurt in Bos en Lommer. Scala. Architect: FARO Architecten, 2009 **56** Ernest Staesstraat in de Kolenkitbuurt in Bos en Lommer. Met in de verte Scala van FARO Architecten.

90-91 **57** Confuciusplein in Geuzenveld. Confucius Noord. Architect: Van Sambeek & van Veen, 2009

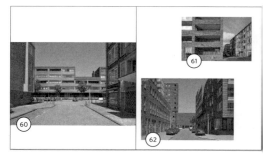

92-93 **58** Kruisherenpad in Geuzenveld. Links: Oude blokken van Bernard Bijvoet, 1955. Rechts: Geuzentuinen. Architect: FARO Architecten, 2003

94-95 **59** Eendrachtspark in Geuzenveld. Parkrand. Architect: MVRDV, 2007

96-97 **60** Jelte Eelsmastraat. Midden: Blasiushof. Architect: Vera Yanovshtchinsky, 2007 **61** Albardakade. Links: Geuzentuinen van FARO Architecten, 2003. Rechts: Blokken van Ben Merkelbach, 1957 **62** Pieter van der Werfstraat. Links: Geuzentuinen van FARO Architecten, 2003 Midden: Brede school 't Koggeschip. Architect: GSG Architecten, 2006

142

98-99 **63** Overzicht nieuw Osdorp vanaf de Pieter Calandlaan

100-101 **64** Domela Nieuwenhuisstraat in Osdorp. Hartenlust.
Architecten: DKV (2008) en Atelier Kempe Thill (rechts, 2007) **65** Descartesstraat
in Geuzenveld **66** Aalbersestraat in Geuzenveld

102-103 **67** Abraham Kuyperplein in Geuzenveld. Links: Het Speelkwartier.
Architect: Hendriks Schulten architecten, 2008. Rechts: Brede school 't Koggeschip.
Architect: GSG Architecten, 2006

04-105 **68** Meer en Oever in Osdorp. Blok 3. Architect: Dam en partners
rchitecten, 2009 **69** Meer en Oever in Osdorp. Blok 3. Architect: Dam en partners
rchitecten, 2009 **70** Meer en Oever in Osdorp. Blok 1 en Blok 2.
rchitect: ONX Architecten, 2009

106-107 **71** Meer en Oever in Osdorp. Blok 1. Architect: ONX Architecten, 2009

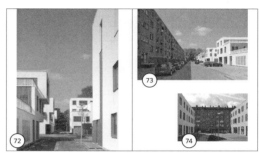

108-109 **72-74** Wolbrantskerkweg in Osdorp. Cadiz.
Architect: Abbink X De Haas, 2007

143

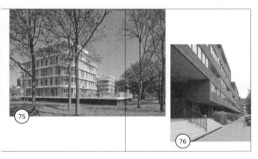

0-111 **75** Links (110): Pieter Calandlaan in Osdorp. CalandparC.
rchitect: Arons en Gelauff Architecten, 2008 **76** Ruys de Beerenbrouckstraat
n Geuzenveld. Blasiushof. Architect: Vera Yanovshtchinsky, 2007

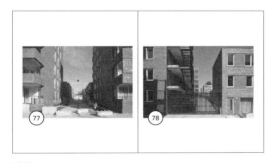

112-113 **77** J.S. Ruppertstraat in Osdorp **78** Ferdinant Spitstraat in Osdorp

114-115 **79** Delflandlaan in Slotervaart. Vernieuwing Delflandplein-
Staalmanpleinbuurt. Architect: Dick van Gameren architecten, 2009
80 Slotermeerlaan. De Verfdoos (gerenoveerd) Architect: Allert Warners, 1955.
Renovatie: Van Schagen architekten

16-117 **81** Derkinderenstraat in Slotervaart. De Meester.
rchitect: SeARCH Architecten, 2009 **82** Postjesweg/Jan Tooropstraat
n Slotervaart. Op de achtergrond: Jatopacomplex (in aanbouw).
architect: Köther Salman Koedijk Architecten, 2009

118-119 **83** Oud en nieuw Slotervaart vanaf de Postjesweg
Architect: Vera Yanovshtchinsky

120 **84** Troelstralaan in de Van Tijenbuurt in Geuzenveld.
Getijenveld. Architect: Liesbeth van der Pol/dok architecten, 2010

Over de makers

Kees de Graaf (1969) heeft zijn eigen bureau als freelance tekstschrijver en journalist en is gespecialiseerd in teksten en producties op het brede terrein van stedelijke ontwikkeling. Hij maakt deel uit van de redactie van *Building Business*, een vakblad voor betrokkenen bij de ruimtelijke ordening en projectontwikkeling, en publiceert regelmatig in onder meer het *BNA Blad* en in *PRO*, de uitgave van de Neprom.

Bernard Hulsman (1958) is als redacteur verbonden aan *NRC Handelsblad* en schrijft vooral over architectuur en stedenbouw. Hij leverde daarnaast bijdragen aan verschillende boeken, waaronder *Verzonnen Verleden*, over de opkomst van het neo-traditionalisme in Nederland en, samen met Pieter Steinz, *Reis om de wereld in 80 hits* en *Zwanezangen*. Onder eigen naam publiceerde hij *De Krul en andere modes in de architectuur*.

Luuk Kramer (1958) is architectuurfotograaf en werkt onder andere voor een groot aantal binnen- en buitenlandse architectenbureaus. Hij maakte onder meer een fotoboek over het Van Gogh Museum, over luchthaven Schiphol en over de verbouwing van de Hermitage in Amsterdam door architect Hans van Heeswijk. Zijn werk is tentoongesteld in Amsterdam, Berlijn en Rotterdam.

Theo van Oeffelt (1955) is freelance communicatieadviseur en journalist, gespecialiseerd in architectuur en cultureel erfgoed. Hierover publiceert hij regelmatig in diverse (vak-) tijdschriften. Hij vertegenwoordigt Nederland in de onder auspiciën van de UNESCO opererende Association des Journalistes du Patrimoine. Van zijn hand verschenen onder andere *De 75 beroemdste bouwwerken van Nederland* en *De Architectuurestafette*. Samen met Bernard Hulsman schreef hij *Mijn gebouw wordt zo, architectuur voor jongeren*.